# Local
# Design
# Lab

地域のためのまち・建築をデザインする研究室の軌跡

杉本洋文＋杉本洋文研究室・SLAB

# はじめに

　本書は、私が東海大学を退職するにあたり、2019年3月21日に霞が関ビルの東海大学校友会館で行った最終講義「木造建築とローカルデザインの研究」をもとに、「杉本洋文研室・SLAB」の15年間に及ぶ研究活動を振り返り「Local Desaign Lab―地域のためのまち・建築をデザインする研究室の軌跡」としてまとめたものである。

　私は、1975年3月に東海大学工学部建築学科を卒業、2年後に同大学大学院修士課程を修了した。在学中は建築家の吉田研介教授に学部1年から建築の設計を学び、学部4年生から大学院までは教育施設とコミュニティ施設を専門に研究している建築家の川添智利教授（故）から指導を受けた。1979年4月に株式会社計画・環境建築に入社、建築家木島安史（故）氏と橋本文隆（故）氏の両氏に師事したことによって、本格的に設計活動をスタートした。

　1984年4月から東海大学非常勤講師として後輩の指導にあたり、教員になるまで継続した。会社では1994年4月から代表取締役社長に就任し、建築家として建築作品を発表してきた。2004年4月に東海大学工学部建築学科教授に就任したので、会社では代表取締役会長になり、2足の草鞋を履いたプロフェッサーアーキテクトとして活動してきた。大学在籍中は、学科の教育活動と研究活動に取り組むことは勿論のこと、大学が推進しているUSR活動の「東海大学チャレンジセンター」

に所属し、プロジェクトアドバイザーとして、学内の学生と一緒に社会貢献のボランティア活動を行ってきた。

　2011年3月11日の東日本大震災が発生するとすぐに、同組織内に「3.11生活復興支援プロジェクト」を立ち上げ、被災地で多方面にわたり復興支援活動を実施してきた。

　「杉本洋文研究室・SLAB」は、湘南校舎の工学部建築学科計画系研究室に所属していたので、研究分野は木造建築・まちづくり・アーバンデザインの3つを掲げてスタートし、設計・デザインを中心に指導を行った。建築家時代にはローカルエリアでの活動が多かったことから、研究活動は日本各地のローカルエリアを対象として、主に「ローカルデザインの研究」を中心に実施してきた。研究活動の姿勢は現場主義を掲げて「DoTank」を目指した。

　研究生は、学部生が14期にわたり146名、大学院生が11期で46名を数え、延べで192名を社会に送り出してきた。毎年度末には、1年間にわたる学内外の研究活動の成果を広く社会に発表するために、研究室で編集した研究紀要「SLABスタディ」を13号まで発刊することができた。

　そして研究室のOB・OGで組織した「SLAB Communuty」を立ち上げ、在学生と卒業生が互いに研究や社会活動の成果について学び合う機会とするために、毎年研究交流会を年末に開催してきた。

　退職後、2019年4月には自宅アトリエに研究室を移設した。現在「杉本洋文研究室・SLAB＠杉の町屋」として「ローカルデザインの研究」を継続している。

　はじめに、本書のテーマになっている「ローカルデザイン」について、私の考え方を示しておく。

「ローカル」は、一定の特性のある地域、あるいは1つのアイデンティティで認識されている地域のことである。

「デザイン」は、狭義に捉えると、建築や都市など、ハードの意匠を直接的に決める行為であるが、広義に捉えると、事物の関係性であり、人と人、人と建築、人と社会、建築と建築、建築と都市等を調整する行為を意味している。

　この2つの意味を組み合わせたのが「ローカルデザイン」である。1つのアイデンティティで認識される地域資源・資産の関係性を幅広く捉え、人々の暮らしや、建築からまちづくりまでをソフトとハードの両面から統合する行為と定義することができる。

　ローカルデザインは、これからの持続可能なまちづくりの基礎になると考えている。まだ概念は確立されていないが、研究室における活動によって、そのあり方や方向性について少しは明らかにできたと考えている。

　これからのローカルのまちは、個性を磨いてオンリーワンの存在に

なることによって持続可能な存在になれる。したがってローカルのまちの数だけそれぞれの回答があるはずで、そのためにはローカルデザインの考え方に立脚して新たなチャレンジを引き出すことが大切になる。

　本書では、私たち研究室の研究活動から、ローカルデザインのチャレンジについて、以下の構成で紹介する。

## Chapter1「ローカルデザインスタジオ」-私たちの共創の場-

　最初の章として、活動の中心となった研究室の役割と設立経過、その内容について紹介する。

## Chapter2「リローカリゼーション」-地域を掘り起こす試み-

　ローカルエリアを研究の対象にして「地域回帰」の背景や意義を探り、そして何を大事にして、何をなすべきなのかについて紹介する。

## Chapter3「マッピング」-まちづくりへの実践的手法-

　まちをマップに記述することによって、まちの価値を明確にし、新たなストーリーに組み立て直し、まちづくりに活かすことについて紹介する。

### Chapter4「ローカルマテリアル」−木材資源・地材地匠−

　ローカルエリアでは多様な未利用資源が発掘できる。なかでも地球環境循環型素材である木材資源に注目して、循環型社会の構築に活かすことを紹介する。

### Chapter5「レジリエンス」−災害復興への支援活動−

　日本は自然災害が多発している。社会の安全・安心を確保するため、防災まちづくりでは地域の仕組み、柔軟な対応策等ソフトとハードの両面から強靭化が求められており、その活動の意義や内容について紹介する。

### Chapter6「ローカルデザインプロジェクト」−研究生たちの挑戦−

　研究室に所属した学部生の卒業設計、院生の修士設計の代表的な作品を掲載し、ローカルのまちにおけるローカルデザインの試みや研究成果を紹介する。

　ローカルにおけるまちづくりでは、地政学的な特徴を再発見して、そこに眠る未利用となっている地域資源・資産を掘り起こすことから磨き直して地域固有の個性を再生することが重要になる。
　こうした一連の活動では市民参加が必要になり、現代社会における「まちの価値」は、市民力でつくり直すことが重要になると考えており、本書の全体を通してそれを示している。

本書の編集は、卒業生の各年代のOB・OGの代表に参加してもらい、編集活動の中で、あらためて15年間の研究室の歩みを振り返えることができた。その成果をどのようにして未来に届けられるのか、何度も議論を繰り返して、まとめることができた。

　研究室には多様な個性をもった学生たちが集い、共に学び、互いに議論し、皆で実践してきたことが、多義にわたって本書に掲載されている。研究内容はまだ充分ではないかもしれないが、残された課題は、未来へと投げ掛けて行きたい。

　ローカルデザインの確立は、今後も多くの研究や実践が必要になるので、本書がローカルデザインの道標になることを期待している。これから建築を志す次世代の若者やまちづくりを目指す皆さんにお読みいただき、活用いただければ幸いである。

　最後に多くの皆様のご指導と協力によって研究室の活動の全貌を本書にまとめることができた。感謝を申し上げたい。

杉本洋文・杉本洋文研究室・SLAB

# Contents

## Chapter 5
# レジリエンス − 災害復興への支援活動 −

## Chapter 6
# ローカルデザインプロジェクト − 研究生たちの挑戦 −

## Chapter 7
# アーカイブ − 研究業績の記録集 −

Chapter

# 1

## ローカルデザインスタジオ
- 私たちの共創の場 -

# I. ローカルデザインスタジオ

　私は2004年4月に母校である東海大学の教員に就任し、研究室を開設した。研究内容はそれまで私が建築家として取り組んできたまちづくり・木造建築・アーバンデザインの3つの分野とした。それから15年間にわたり、大学教員と建築家を兼任し、プロフェッサーアーキテクトとして活動してきた。

　就任前、建築家として全国各地で建築設計やまちづくりなど、数多くのプロジェクトに関わってきたので、ローカルエリアにおける実際の経験を踏まえて、学生たちと一緒に研究を進めることができた。

　大学の研究室は、それぞれ取り組む専門分野によって特徴があり、新設の研究室の存在を示すのは時間がかかる。まず研究室の活動理念や活動方針などを分かりやすく学生たちに伝えなければならない。そこで、ローカルデザインを主軸とする研究内容を示すことになった。

　大学は首都圏から少し離れた湘南地域に位置しており、大学周辺の市町村に対する大学の地域貢献（USR）が求められる。従って研究対象が近隣のローカルエリアから始めるのはごく自然の流れであった。

　研究室は、研究調査を中心とする「Think Tank」よりも、現場主義で実践的に地域課題を解決する「Do Tank」を目指した。研究室の活動そのものが研究生たちとの共創の場になり、「ローカルデザインスタジオ」であった。

# 2. ローカルデザインスタジオの活動

　大学在任中の15年間を振り返ると、国内外の社会を大きく揺り動かす出来事が多発してきた。主なものでも就任直後に発生した2004年「新潟県中越地震」、2008年「リーマンショック経済危機」、2011年「東日本大震災」、2012年「近畿・九州北部台風災害」、2016年「熊本大地震」等、それ以外の大小の災害を入れると毎年頻繁に発生してきた。従って、研究活動もこうした社会問題を解決する実証的プロジェクトに取り組むようになった。

　世界は1つに繋がる「One World」のグローバル社会が広がり、明るい未来を描こうとしていた。一方で、世界では、国境を超えた環境問題が発生、さらに想像を超える自然災害が多発するなど、世界各地のローカルエリアの社会資本に対して多大なダメージを与えてきた。

　人々は、社会の発展を期待してきたが、一方で、日常の暮らしの豊かさ、安心・安全、さらに幸福度への追求が強くなり、より身近な生活環境を充実させる価値感へと変化してきた。

　都市問題は、環境・社会・経済を全般から捉えるのが大切になるのだが、個別の問題解決だけでは対処できない。より複合した複雑な課題解決が求められているのだ。特にローカルのまちでは、その傾向が顕著に現れてきて、より生活に密着した住区単位での総合的な解決が重要になってきている。

　まちづくりは、トップダウン型よりも市民参加によるボトムアップ型によって実現することが求められ、社会全体のパラダイムシフトが起きているので、自ずと研究活動もこうした社会課題を扱うようになった。

これまでの研究室の15年間の活動は、大きく3つの期間に分けることができる。それぞれの研究分野から内容を概観する。


## ＜初期段階（2004年〜2008年の5年間）＞

### ① まちづくり

各地のローカルのまちを対象に、「まち歩き」の手法を実施し、「まち歩きマップ」を作成した。同時に効果検証を必要とする実証実験的な活動を開発してきた。

### ② 木造建築

木造による応急仮設建築を開発するために「平塚ビーチハウスプロジェクト」を実施し、仮設木造建築のモデルづくりと研究の蓄積を進めてきた。

### ③ アーバンデザイン

神奈川県内のローカルのまちを選定して、研究室の共同研究として取り上げ、同時にまちづくりを提案してきた。


## ＜中期段階（2009年〜2013年の5年間）＞

### ① まちづくり

2011年3月11日の東日本大震災に対応し、東北の復興支援活動に取り組み、復興まちづくりの研究も行い、引き続き地方創生のまちづくりの研究も開始した。

### ② 木造建築

2010年の「木材利用促進法」が施行され、木造建築の研究が本格的になり、仮設建築から恒久建築へとシフトしてきた。そして具体的な木造建築のプロジェクトに取り組んだ。

③ **アーバンデザイン**

海外都市調査を開始し、最新の都市や建築の研究に取り組んで知見を得ることができた。

**＜後期段階（2014年〜2018年の5年間）＞**

① **まちづくり**

2016年熊本大地震で熊本校舎が被災し、学内の学生の命が奪われてしまった。東北の経験を活かして、復興まちづくりの研究をさらに発展させて、地方創生のまちづくりにも本格的に参加するようになり実際のプロジェクトを実現させてきた。

② **木造建築**

地方創生のなかで、木づかいのプロジェクトを推進して、各地の地域材を活かした木造建築の研究に取り組んできた。

③ **アーバンデザイン**

商店街の再生や街並み形成における都市景観デザインを研究し実際のプロジェクトに取り組んできた。

これまで「自然災害による社会の強靭化」、「ローカル経済環境の転換」、「コミュニティの再生」、「市民参加のまちづくり」など、社会で起きている様々な出来事を捉えてきた。

これらの問題を解決するためには、大学による研究への取り組みと研究室の活動の関わりが強く求められてきたので、研究分野の拡張と連携の強化を図りながら、市民の生活基盤である日常の暮らしの豊かさをどのように実現させるのか、ローカルデザインの研究を具体的なフィールドで実施することができた。

# 3. ローカルデザインを目指す

　ローカルデザインが目指すものは、大きく次の4つの項目に整理できる。

**① 利用資源の活用**

　地政学的特徴を活かした地域資源・資産のリソースに注目し、未利用資源と捉えることによって、再評価して、まちづくりに活かす。

**② リローカルゼーションの導入**

　リローカルゼーション（地域回帰）の視点に立ち、地域循環を起こす「仕組み」と「しつらえ」をつくる。

**③ 市民参加による新たな価値創造**

　市民の主体的な参加と外部交流から得た知恵を共創させることによって新たな価値を創出する。

**④ 市民の誇りを創出**

　まちの歴史・文化を活かし、ハードとソフトを統合させ、新たなアイデンティティの創出によって市民の誇りを取り戻す。

　持続可能なまちづくりのためには、ローカルデザインの可能性はまだ未知数である。本書で紹介しているように、研究室の活動で、少しはそのあり方と方向性を示すことができたが、これからもそのまちの数だけ答えを探し出さないといけない。そのためには新たなチャレン

ジの継続が求められる。

ローカルは、これまで地政学的特徴と他地域との交流によって固有の地域・資産を育んできた。しかしローカルを発展させるための目標とした国の政策は、経済合理主義の行き過ぎたまちづくりを推進することによって、まちの顔が失われてしまった。さらに経済の長期にわたる後退局面に入ると、真っ先にローカルのまちから衰退がはじまり、それが外部依存、誇りの喪失などに繋がり、地域経済の好循環が保てなくなり、まちから豊かな暮らしの場が失われ続けてきた。

私たちがこれから求めるべきは、多種多様な個性を持ったローカルが活き活きと輝いて連携している国の姿であり、市民一人ひとりの幸福度の高い暮らしの場が実現され、共に支え合っている社会の姿である。

現代は、パラダイムシフトが起きるたびに、次々と新たな社会問題も発生してきた。従って、新たなローカルデザインの考え方を常に求める姿勢が必要になり、これまで研究生と一緒に考え、学び、実践によって確認してきたことをまとめると、次のようになる。

ここでローカルデザインに求められる5つの手法を紹介する。

## 1. 地域力

地域がこれまで育み、蓄積してきた地域資産・資源の人・モノ・情報を「地域力」として把握し、これまでまちづくりで活用してこなかった未利用資源に光を当て、まちづくりに活かすことが求められる。

## 2. 市民力

まちづくりは市民が主役であり、原動力である。地域の活性化は「市民力」を引き出すことが重要になる。市民自らが、地域循環型のライフスタイルを実現させることによって、ローカルの豊かさを創出できる。

## 3. 創造力

まちづくりでは、常に、時代を振り返りながら、未来に向かって前進してゆく力強い推進力が求められている。そのためにはローカルの内外の人々を協働させながら新たなまちづくりを推進する「創造力」が求められる。

## 4. 実行力

地域課題を解決するのは、小さな試み「Small Do」を起こし、成功例を積み重ねて大きく育てていく方法が有効で、社会実験で確認し、プロセスを管理しながらまちづくりへと繋げる「実行力」が求められる。

## 5. 循環力

ローカルの環境・社会・経済は、発展のために個別に進められてきたので、ローカル内で3つの繋がりが失われて「循環力」が弱くなった。ローカル固有の「循環力」を再生して、力強く結びつけ、新しい豊かな「暮らし」や「なりわい」を創出する。

# 4. Do Tank の実践

　研究室は「Do Tank」として、研究生と一緒に創造と検証を繰り返しながら、社会実験によるまちづくり活動や、現実のまちづくりに発

展させる研究活動などに取り組んできた。

　特に、新たな「タクティカルアーバニズム」の考えを導入して活動してきた。「これは『戦術的都市計画』と言われ、仮設空間を用いて短期的なアクションを起こしながら、長期的なまちづくりを行うアプローチである。最初は、低予算な仮設を用いて、現場を試行錯誤しながら計画し、その後、徐々に行政が主体となって本格的に実施されていくため、無駄な投資を避け、より地域性が反映された愛されるまちづくりが実現できる」とされている。これからのローカルデザインにおいて身近なスケールのまち中再生へのチャレンジとして有効な手段である。

　我々の研究室は、研究生全員で研究・活動する場となるベースキャンプの「SLAB」と、各地のローカル都市にはミニキャンプの「サテライトラボ」を置いて地元密着型で活動してきた。

　毎年、新たな研究生が加わり、顔触れが入れ替わる。研究活動は学部4年生を中心にプロジェクトチームを編成するので、それを経験豊富な院生が指導する体制としてきた。研究生は、自身の卒業研究と研究室の委託研究の両方を同時に取り組み、実践的な経験を積み重ねることによって、自らの課題を抽出できるようになって行く。

　研究室に所属する研究生は、毎年、活動内容を把握し、自分の研究テーマを携えて、高い意識を持って集まってくる。研究室での毎日は、相当に忙しいが、自主的に動いてくれた。

　研究生によって異なるが、学部4年生は1年間であるが、修士生は、さらに2年間の活動期間が加わり、大学時代の約半分近くの時間を一緒に活動することになる。院生は研究活動の主軸となって活躍し、成

果も出してくれた。

　研究実績も年を経るごとに増え、経験が共有化されて安定感も増していった。さらに研究室を活性化してくれたのは、毎年入ってくる異なる個性の研究生たちである。新たな視点や考え方が集るので、新たな挑戦の機会も得られ、各年代で異なる個性を発揮し、活動に刺激を与えてくれた。

　そうして得た研究成果は、研究生とOB/OGとの研究交流会を通して経験の共有化を進めてきた。こうした機会は、社会で活躍できる人材を育成する上では貴重であり、相互の切磋琢磨の機会をつくることによって成長してくれるのが何よりも嬉しく、継続する大切さを実感してきた。

# 5.　地域資源と資産を活かすローカルデザイン

　研究室では、各年度に異なる対象地域を選んで地域課題の研究に取り組んできた。単年度で終わるもの、年度を越えて継続するものなどがあり、その取り組みはさまざまである。建築学科の学生にとって、4年間の集大成といえる卒業研究と卒業設計は、I年かけて取り組む一大プロジェクトである。

　研究生は、それぞれに対象となる地域を選び、独自の研究テーマを探し出すことが求められ、そこで現地に出向いて、調査・分析・課題整理・解決方法・提案内容について研究を進め、最終的に、まちや建築に対して、ソフトとハードの両面から具体的な提案を行い問題解決を示すことになる。

　勿論、建築デザインの手法の研究で、建築の新たな空間モデルやデザイン開発に取り組む研究生もいる。しかし、多くの研究生が、具体的なフィールドに対する提案を選んでいる。

　これは研究室の研究活動を通じて得られた知見や経験を活かすからなのかもしれないが、いずれにしろ独自性のある課題を取り上げて、個別に解決策を模索していくことが重要になる。

　そこでよく議論するのが「地域らしさのある提案とは何か」である。これは研究生に対する質問であると同時に、私にも投げ掛けてきた。一緒に考え、議論することから、様々な可能性が引き出されてきた。

　各地で実践的なフィールドを持つことによって、抽象的な社会課題ではなく、より身近で、具体的な課題を実感して研究する環境をつくることができ、リアリティのある提案ができるように指導してきた。

　研究生は、課題解決の方法を学びながら、その実践によって検証し、自分の研究を次世代に伝える機会を設けてきた。学生時代にこうした研究のスキルを学ぶことによって、自分自身の成長を確認できるようになる。

　各学年の設計演習の授業では、課題内容や問題意識は教員から与えられているため、課題の現地調査を経験していてもリアリティを感じることは難しい。しかし、卒業研究や委託研究のフィールドで現場を体験すると、実社会の課題をより多面的な視点で捉えられるようになる。

　研究生たちは、まちに潜んでいるリソースを捉えて自身で課題を抽出しながら独自の視点から解決策を導き出し、提案に結びつける力を養っている。具体的なフィールドを自ら選択するからこそ、初めてリアリティが感じられ、体験を通じて実践的に理解できるようになって行く。

# 6. ローカルデザインスタジオの学び

　研究室は大学に所属しているが、一方では社会に開かれた存在でもある。従って研究室に所属する研究生たちは、自主的に社会に目を向ける姿勢や視座、そして問題を発掘して、その解決策を模索する姿勢を養ってくれることを期待してきた。

　私の研究室は「Do Tank」を目標にしてきたので、常に現場主義を求めてきた。活動はワンチームとして、相互の能力を出し合って協働する体制で実施することができた。

　そのために、研究室の1年間の活動の基本方針とプログラムをあらかじめ設けて、全日程の把握と、研究生全員で役割を分担しながら、自主的に運営する組織に育ててきた。

　人材育成面では、研究室の運営と研究活動を通じて、「チームワーク」「ファシリテーション」「プロジェクトマネジメント」などクリエイティブで柔軟な発想ができる能力を養い、社会の課題解決に向けて、企画・提案し、プロジェクトの成果を出せる能力が身につくように指導してきた。

　研究成果は、研究生が自らの卒業設計や修士設計の作品に対する受賞、研究室が取り組んだプロジェクト活動などである。どちらも学内外から客観的な評価が得られるので、研究生たちにとっては、自らの成果と成長を確認できたのではないだろうか。

　次章では、地域を掘り起こし地域回帰によって活性化させる「リローカリゼーション」について紹介する。

## 研究室の活動の基本方針

1. 社会人の自覚
   研究生は、20歳（現在は18歳）を過ぎると法律的に社会人なる。従って、研究室に所属する限り、社会人と同じ自覚を持つ。

2. 報・連・相の実行
   研究活動は、社会との接点がある。研究生全員は自分でデザインした名刺を携帯し、常にプロジェクトの報告・連絡・相談を実行する。

3. 卒業研究ゼミ・修士研究ゼミ
   最終学年として提出が求められる成果物をプロジェクトマネジメントして期日に間に合わせて提出させる。毎週1回、シラバスに沿って報告書を提出して、研究の進行状況を把握・指導する。

4. 活動の記録と報告
   会議と記録をまとめられる能力を育成し、報告書をまとめるスキルを育てる。

5. HP・SNSの維持管理
   研究活動の情報発信は重要であり、研究室独自のHP・SNSページを作成して、社会とのコミュニケーションを深める。

6. イベントの企画・実施・管理
   研究室主催のイベントを自主運営する能力の育成。全員で分担して企画から運営までを責任をもって実施させる。プロジェクトと同様に進行管理や各所への調整・連絡を担当してスムーズな実施を行う。

7. 研究室の維持・運営管理
   研究室の維持管理から資料整理を分担して行う。

8. 研究室会議毎週1回開催
   実社会から研究室に依頼される外部委託のプロジェクトは、チーム編成をして、チームごとのプロジェクトマネジメントを行う。

9. 研究紀要「SLABスタディ」の企画・編集・出版
   1年の研究活動や研究成果の報告として、研究室独自で出版している研究紀要「SLABスタディ」を次年度に研究生になる3年生が12月から編集を担当する。

# 研究室の1年間の主要な活動プログラム

春学期·····································································································

4月　卒業研究着手

　　　研究ゼミまち歩き・交流会

　　　毎週1回卒業ゼミ開催（研究・課題トレーニング）

5月　研究室研修旅行（2泊3日程度）

6月　研究活動運動大会（テニス・ソフトボール等）

7月　卒業研究レポート提出

8月　夏休み集中プロジェクトの実施（ビーチハウス・復興まちづくり）(2泊3日)

9月　海外研究調査


秋学期·····································································································

10月　卒業設計・修士設計着手

　　　毎週1回卒業ゼミ開催・研究室会議

11月　中間発表会

　　　次年度の研究生の決定（3年生）

12月　研究室グループ分け

　　　新研究生の決定と研究生との顔合わせ

　　　活動開始（研究室活動・研究会・勉強会等）

　　　新研究生の名刺デザインコンペ出題

1月　SLABCommunty 開催

2月　年初の顔合わせ・新研究生名刺コンペの審査

3月　卒業設計提出・発表

　　　修士発表提出・発表

　　　卒業・修了生の打ち上げ

　　　自宅招待（学部4年生と院生対象・杉本邸で開催）

　　　SLAB スタディ制作（3年生担当）

　　　卒業式・謝恩会・研究室主催お別れ会（1泊2日・3年生が担当）

# Local design lab はいかにしてできたのか

　わたしは、ローカルデザインラボの初代の研究生であった。まだ研究室の
カタチも決まっていない2005年の話である。杉本教授は「研究室を捨て、ま
ちに出よう。」と我々に言った。当初、わたしたちはその意味を理解していな
かったが、次第に実感してくことになる。

　当時、バブル崩壊以後の経済の停滞は続いており、「失われた10年」から「失
われた20年」（※1）へ延伸されようとしていた。経済で成長してきた都市は
経済に流されていくしかなく、わたしたちは都市計画の不可能さを痛感して
いた。特に地方都市では、国道沿いのロードサイド店舗が充実していく一方で、
地方都市の駅前商店街はシャッター通りが沢山できていて悲惨な空気が充満
していた。リノベーションやコンバージョンという概念が世間に浸透し始め
た時期であったし、広げすぎた都市をいかにたたんでいくかというコンパク
トシティなどの議論が始まった頃であったが、すでに理論の提言だけで解決
できる問題ではないことは自明であった。

　そんな中でローカルデザインラボが重視したのは、まち歩きであった。井
戸端会議を重ねながらどこからかプロジェクトが生まれてくる。普通、大学
の研究室の産学連携といえば、企業や行政と組むことであるが、当研究室の
連携は、NPOから工務店の大工さん、地元のおじいちゃんおばあちゃんまで

拡張していった。研究生には、それぞれプロジェクトごとの分担が割り振られ、小さなチームが研究室内に誕生していく。対象とするエリアは大学からごく身近な地域が多く、顔の見える関係性を広げていく。つまり我々が対象としていたのは「都市」というコントロール不可能な対象ではなく、自分たちでハンドリングできる「ローカルエリア」なのである。そこに、ローカルデザインラボの所以がある。明快な答えなどなく、ローカルを扱う以上は個別解しかないことにも気付かされた。

　わたしのローカルデザインラボでの経験は、空間性とか場所性を考えると共に、それらを支える人々の感情や経済性とどのように接し、社会がどのようにまわっているのかということを学ぶことであった。また、それらの研究の成果を実社会の中に実態として残して来れたことがローカルデザインラボの大きな功績になっている。

I期 森屋 隆洋

※1.「失われた10年」及び「失われた20年」バブル景気崩壊後の1993年から2002年までの経済不況のことを失われた10年と呼ぶ。その後、本格的な好況にならないまま約20年以上にわたり経済成長率が低い水準のまま続くことになる。

# Chapter

# 2

## リローカリゼーション
### - 地域を掘り起こす試み -

# I. ローカルエリアからはじめる

　私たちは「ローカル」を次の2つから考えている。

　ひとつが、日本各地に展開している、例えば、飛騨高山・小布施・軽井沢・箱根など、他地域と異なる固有性を備えて、アイデンティティを確立している「地域」や「まち」のことである。

　もうひとつが、大都市に「City in City」のように内在し、他と異なる個性を発揮している「地区（デスクリクト）」で、東京では江戸時代に形成されている。江戸の西側の台地にある「山の手」には、武家屋敷が置かれ、本郷・小石川・牛込・四谷・赤坂・青山・麻布などがある。東側の低地にある「海の手」には、城下町が整備され、谷中・千駄木・根津・浅草・築地などがある。それぞれ立地特性を活かしたアイデンティティが確立されてきた。

　どちらのローカルも、社会の発展とともに変化し、アイデンティティが弱くなり、まちとしての魅力が失われてきている。新たなアイデンティティを創出するためには、まちづくりの戦略を考え直す必要がある。

　ローカルのまちづくりを実現するためによく実践する方法を紹介する。まず対象とするローカルのまちの地域特性である「場の力」を再発見して、交流の「テーマ」や「ネットワーク」などの固有の要素を選び出す。次に各要素を活用する3つの「知る」「創る」「遊ぶ」で検討する。最初の「知る」は、地域資産を「らしさ」として整理し直し、共有して発信する。次の「創る」は、交流を活性化させ、新しい文化を生み出す活動、新しいまちづくりの取り組みである。最後の「遊ぶ」は、地域資産を知り、理解することによって、非日常の体験によって

人生をより豊かにしようとする活動である。

　以上をひとつのマトリックス表にまとめ、横軸に地域特性、縦軸に活用方法を置いて、それぞれのクロスした項目からまちづくりの施策を発案することによって、まちづくりの戦略の全体像を組み立てることができる。

　こうした手法でまちづくりの戦略を作成した事例は、2000年〜2003年までの3年間に活動した小田原市の「政策総合研究所・PRIO」が制作した「おだわら千年蔵構想」、2007年・2008年の2年間に活動した平塚市の「平塚コミュニティデザイン研究体・HCDI」が制作した「平塚市街なか観光プロモーション戦略」などがあるので、参考にしていただきたい。


　国内のローカルエリアでは、地勢・気候を活かした自給自足に近いかたちで発生し、産業・経済を豊かにするために、様々な変化を受け入れて発展してきた。日本は中央集権の思考が強く、ローカルエリアから東京への人の流れができ、東京に一極集中して、世界一のグローバルなまちに成長してきた。さらに世界的なグローバル社会の進展によって、国家や都市の間での競争が激化し、社会の価値を大きく変化させ、その影響がローカルを疲弊させる原因ともなってきた。

　東京一極集中は、日本の社会構造を歪めてきた。人口の変化から見ると、東京は、人口の再生産がしにくくなり、ローカルエリアから一方的に流れ込んでくる若者と女性と高齢者が増加している。そして都市生活者の中でも弱者の貧困が進み、経済格差が広がり、若者や高学歴の女性は単身者が多く、子供を産み育てる環境が不充分なので出生率が低くなる。さらに、高齢者は利便性を求めて流入してくるので、

奈良県今井町伝統的町並み建築保存地区のまち並み

天川村洞川温泉の集落と街並み

白川郷の集落と古民家

福祉・介護施設の不足が発生してきた。このような都市の過密の進行によって、健康で快適に暮らせる都市の環境・社会・経済のバランスが崩れ、都市の暮らしは孤立化・貧困化が増えて非人間的な社会環境が増幅され、貧困が固定化・再生産される格差社会が加速されてきた。

　一方、ローカルエリアは、環境・社会面が充実しているものの、都市と比較すると経済が弱い。ローカルでは生活コストが安く、コミュニティのサポートも受けやすい環境が整っているので、何とか暮らして行ける。そして、子供を産み育てる環境が整っているので出生率が高くなり、人口の再生産ができてきた。しかし若者は、都会の経済を求めてローカルエリアから出てしまい、高齢者だけが残される社会の姿が広がっている。

　このままの流れが加速すると、東京への一極集中は止まらず、弱者である若者や高齢者に非人間的な都市生活を強いることになる。本来、都市の理想は、環境・経済・社会のバランスが取れて、仕事と生活が両立する暮らしの場としなければいけないはずだ。しかし、グローバリゼーションの影響を受けることによって極端な高密度と高機能が追求されるようになり、弱者と強者に二分する社会構造が助長されてきた。

　ローカルエリアは、かろうじて残されている環境・社会の仕組みの中で、グローバル社会の恩恵である新たな情報技術（IT,AI,ロボティクスなど）を活かすことによって、ローカル経済の価値を創出できれば、持続可能なローカルを実現するのも夢ではないと考えている。


　そのためには、次のまちづくりへの視点が重要になる。

**① 環境＝持続可能性（サスティナビリティ）**

**② 経済＝多様性（ダイバーシティ）**

**③ 社会＝共同体の協働性（コミュニティ）**

である。

　現在、国によって地方創生の政策が推進さてれいる。具体的なビジョンとして「SDGs」「Society 5.0」「スマートシティ」などが示されているが、近年、環境省によって都市と地域がそれぞれの強みを活かして交流を深めて、協働する仕組みの「地域循環共生圏構想」を打ち出してきたので、新たな可能性が生まれようとしている。

　一方、ローカルエリアでは、行政の支援を受けなくても市民や市民団体が自ら立ち上がって、まちづくりを開始するところが増えるなど、活動が盛んになってきている。

　現在、ローカルエリアが自ら再生の道を切り開き、新しい社会の価値を実現させることが目標になり、ローカルエリアから国づくりの再生を考える「リローカリゼーション」の時代が到来している。リローカルゼーションとは、拓殖大学教授長坂寿久氏が提唱している「地域回帰」のことを意味している。


# 2.　ローカルのまちづくり


　ローカルには、日本社会の問題が縮図のように現れている。これまでのように国から一方的な政策を受け入れるのではなく、ローカルの環境・経済・社会のバランスを取り戻すような政策を自ら組み立てる必要があり、リローカリゼーションを推進するべきである。

　現代社会は、多種多様な要素が複雑に絡み合って問題が発生してきた。従って、これまでのように都市全体を分野別に解決するのではなく、地区規模のスケールで考えることによって、分野を横断して統合

的に解決することが求められる。

　特にローカルでは、適正規模の地区の中で複合的な問題解決を積み重ねる必要があり、部分最適を繰り返しながら全体最適を導き出す方法が求められる。

　ローカルのまちづくりでは、地勢を把握し、地域資源・資産を再発見して磨き直し、そこに市民参加によって新たな創造性を加えることからはじめるべきで、特に、ローカルの「ひと」「もの」「情報」が重要になる。

「ひと」は、ローカルに暮らす「土の人」に、域外の「風の人」の力を加えて、協創することが大切になる。地域の土の人の中には、長年そのローカルに暮らして来た多様な知恵が眠っており、こうした特別な能力を備えた「暮らしの達人」を探し出して、まちづくりを担ってもらうことも重要になっている。

　例えば、釣りの上手な人、歴史に詳しい人、自然を活かす知恵のある人など、日常生活では目立たないが、いざという時に、特別な能力を発揮してくれる「人間力」をもった人材が必要になる。

「もの」は、気候風土にあった特徴のある農産物や暮らしに根付いた歴史・文化を背景としたものづくりの生産物など、地域固有の資源がローカルに眠っていることが多く、まちの未利用資源として再評価するべきで、新たなまちの価値を創造する「種」になることが期待できる。

　例えば、鎌倉野菜・京野菜といったローカルならでは生産物や森林からの特徴ある木材資源などである。

「情報」は、「歳時記」や「祭り」といった行事で、そこには地霊とつながった地域独自の歴史・文化が残されており、地域独自のコンテンツとして発見できる。

こうしたまちの未利用資源に注目することによって、新たなストーリーを紡ぎ、創造を加えることのよって、まちの新たな個性と価値をつくることができるようになる。

　国はグローバル社会から得た富を、補助金としてローカルに分配してきた。一時的には活性化することができたが、一過性の投入では、復活を後押しているようでも、補助金が無くなれば終わってしまう事例が多くみられてきた。

　ローカルが生き残るためには、残されている環境・社会を維持させながら、域内の経済循環を再生し、身の丈に合った経済を組み立てることでしか、ローカルの持続可能なまちづくりは実現できないと考えている。

　徳島県神山町の試みは、地方創生の成功例として高く評価され、これからのローカルのまちの1つのあり方を示している。

　人口約6,000人で、高齢化率46％の林業のまち、林業の衰退とともに、まちの縮減が進み、消える過疎地とされてきた。そこに徳島県が光回線の敷設日本第1位を目指し、IT化によって過疎地の立地条件を一変させてきた。

　まちづくり活動のエンジンとなったのは「NPO法人グリーンバレー」で、大南信也理事長以下メンバーすべてが個性的なまちづくりの仕掛人で「オープン＆リベラル」を掲げ、地域を超えて世界と結び付け、域内の新たな人材を次々と発掘し、外部の人材を呼び込み、若きクリエーターや起業者が集まってきた。このNPOの事業内容は、移住支援、空き家再生、人材育成、道路清掃、アーティストの滞在支援など小さくともきらりと光る活動を進めてきた。

「日本の田舎をステキに変える」をミッションに、新しい働き方、クリエイティブを生み出す場づくりなどに取り組んできた。

　過疎で暮らす人々が、残された日々をどのように楽しく暮して、終わらせるかを前提として、起死回生で取り組んだ試みが、新たな人や試みを呼び寄せ、ローカルのまちを蘇らせてきた。

　この計画的「廃村」をプログラムする居直りともいえる発想転換が、起爆剤となってまちづくりが推進され、こうした試みによって住民も立ち上がり、多くの地域の「暮らし達人」を呼び起こし、そこに都会で疲弊した若いクリエイターが外力として加わり、共創によって地域価値をつくり、そして住民の「地域力」を引き出すことによって、新たなコミュニティを生みだしてきた。

　ローカルのまちを新たな価値で捉え直し、人材を中心に、村の地域資源や資産に最先端の情報技術や創造技術を加えて、ローテクとハイテクを融合させることによって、環境と経済と社会がリンケージし、新たな社会価値を創出し、発信していくリローカリゼーションの活動が重要であることが理解できる。

　ローカルは個別に事情が異なるので、独自のまちづくりの道を歩むことが重要になるが、神山町の事例は、これからのまちづくりの1つの方向性を示していると言える。

# 3. 部分から全体へ

　まちづくりは、行政が作成する総合計画や都市マスタープランによって都市全体を計画的にコントロールしている。都市の全体像が明確になり、そして各分野別に目標値が設定されてきた。

　しかし、近年は地区まちづくりに重点をが置かれ、身近な生活圏への施策が市民参加でまとめられることが多くなってきた。地区の複合した課題の解決が個々に求められるので、行政の柔軟な対応が不十分だと、住民の理解と協力が得られないので計画が進まないことになる。

　研究室でもこうした解決策を市民と一緒に模索してきた。まちづくりでは、まち全体の最適化よりは、部分の最適化を目標にして、一つひとつの解決策を積み重ね、柔軟な全体へと統合させる方法が、住民との合意形成を引き出すためには重要であることが分かった。

　そのために、市民と一緒に「まち歩き」するフィールドサーベイ調査は有効であり、時間をかけて丁寧に暮らしているまちの価値を探し出し、まちづくりワークショップを重ねて、まとめることが大切でなる。

　私が師事した建築家木島安史氏（故人）はプロフェッサーアーキテクトとして熊本大学と東京の事務所を毎週往復しながら、都市や建築のプロジェクトに関わり、研究と実践の両面から取り組んできた。彼の論文「微視的世界の復権」は、私たちに新たな視点や思想を示唆してくれた。

　実は、木島氏の恩師は、建築家吉阪隆正氏（故人）であり、「個即全」「不連続統一体」など、建築や都市の思想を掲げ、中央集権的な国家体制の時代に、個性を確立したローカルの集合体をつくることが、将

来のまちづくりには有望であることを示唆していた。

　社会の多様性が求められる今日のような時代では、個を確立しながら全体の流れをつくる吉阪氏や木島氏の思想が現在の社会にも重要ではないかと考えている。

# 4. 豊かな地域環境圏の多様性

　日本列島は約3,000kmの多島列島である。海岸線は総延長が約29,798kmもあり世界第6位の規模である。気候は亜熱帯なので四季の変化が豊かな気候風土が展開している。

　ローカルは、分水嶺で囲まれた河川水系と深く関わっており、「地域環境圏」を形成していることがわかり、1つの水を共有した運命共同体なのだ。それぞれの自然資源は豊かで「なりわい（生業）」や「暮らし」が成り立ち、独自の「ローカル文化」を育んできた。

　現代都市は、グローバリゼーションの活動によって社会を拡大・発展させてきたが、環境負荷を最大限にしてきた都市のあり方を見直すべき時がきている。それは地域の自然力を活かした自給自足のあり方を基本にしながら、他地域との交流で得られる豊かさを活かして、地域環境圏の中で、地域内循環を活性化させることである。

　私たちは、環境・社会・経済のバランスを保持するために、私たち一人ひとりがローカルファーストの価値観に変えることによってリローカリゼーションを進め、豊かな国を実現することができるのだと認識すべきである。

泊区の復興まちづくり会議

UDM の研究会

# まちづくり研究事例①

## I. ローカルの研究

　ローカルの研究は、設立当初から5年間にわたり卒業研究をベースに実施してきた。毎年、神奈川県内の都市を選定して共同研究としてきた。それぞれの都市調査に始まり、地元の市民や各種団体を巻き込んで、公開研究を重ね、地域の特性を把握して、まちづくりの提案に結びつけてきた。

　研究生は、卒業研究として1年間にわたり取り組んでいる。春学期は、卒業研究であり、研究生全員で1つの都市調査を行い、そこから各自で自分の卒業研究の課題を抽出する。秋学期は、卒業設計になり、それぞれの課題解決をまとめ、それを建築作品として完成させる。

　毎年、研究成果は、中間研究会・卒業研究展示会・シンポジウムなど公開で発表することによって、地域のまちづくりに貢献できる試みをしてきた。

　なかでも小田原市には「大学コミッション制度」がある。この制度は、市域を対象した研究調査に対して、行政資料を無償で提供してくれ、その代わりに研究報告書を市に提出する仕組みである。

　こうした研究支援制度は、市側にとっては外部研究を呼び込むことができ、成果を政策に反映できる。一方、大学にとっては、研究を通じて地域貢献（USR）が果たせる。研究生は、実践的なまちづくりを体験しながら、研究機会が得られるので、双方にとってメリットがある仕組みである。

　研究対象としたローカルと提案概要は以下のとおりである。初年の2004年度は研究生が所属していないので、有志の学生を集めて準備段

階の研究を行った。その時に参加してくれた学生が2年目に研究生として参加してくれたので充実した研究活動をスタートすることができた。

## 2005年度小田原市

中心市街地を対象に、歴史都市小田原の歴史・文化等の地域資源・資産を活かしたまちづくりを提案した。「まちえんカフェ」で展示会とシンポジウムを開催してきた。

## 2006年度平塚市

平塚市は「湘南ひらつか」として中心市街地から海岸線までの市街地エリアを対象に、里山・里川・里海などの地域資源を活かしたまちづくり提案した。平塚市庁舎の市民ロビーで展示会とシンポジウムを開催した。同時に「平塚コミュニティデザイン研究体・HCDI」の活動を開始して、具体的なフィールドでも実践することができた。

## 2007年度秦野市

秦野市の中心市街地の四つ角商店街を中心を対象に、地域資源や地域産業を活かしたまちづくりの提案を行った。一部の学生は、継続して平塚市に対して提案してきた。

## 2008年度横浜市I

横浜の広範な市域から、特に内陸部のかつて繁華街であった伊勢佐木町・黄金町・馬車道などの地区や新横浜の新たな地区を選んで、再生のまちづくりを提案してきた。

## 2009年度横浜市2

横浜都心である関内地区を中心にまちづくり提案を行った。研究成果は市内の黄金町のギャラリーを借りて、展示会と発表会を行った。また、UDMと一緒に防火体建築の研究によって、空き家再生プロジェクトを実施してきた。

このローカル研究によっまちの実態を動的に捉え、まちづくりのストーリーに描き、まちづくりの「仕組み」と「場づくり」を提案することができた。

## 2. アーバンデザインの研究

　アーバンデザインの研究は、研究室の研究分野の1つで、3年目に院生が誕生して本格的に開始した。私が大学院の「都市デザイン講座」の授業を担当していたことから、院生の共同研究としてアーバンデザインを取り上げた。同時に海外都市調査も、2008年のニューヨーク市から始め、2017年までの10年間にわたり、毎年、海外都市を選んで実施してきた。

　都市研究においては、都市計画とアーバンデザインでは違いがある。都市計画は、都市を「鳥の目」で俯瞰的な視座で都市を捉え、平面的に計画する。一方、アーバンデザインは、「蟻の目」で透視図的な視座に立って都市空間を捉え、立体に計画してきた。

　建築と都市を同時に捉えて、空間の関係性を扱う点に違いがある。建築を学ぶ学生には、単体の建築の空間性だけでなく、都市建築の視座を与える上でとても有意義研究テーマであった。

　研究室では、アーバンデザインに関する研究調査を外部から委託されることも増えて、実践的な研究の機会となり、院生を中心にプロジェクトチームを立ち上げて実施してきた。

　主なプロジェクトとして次のような調査研究を行っている。

　2009年、神奈川県平塚市では、神奈川県の「商店街・大学・地域団体のパートナーシップモデル事業」に選考され「平塚市八幡大門通り活性化プロジェクト」の調査研究を市民参加で実施して、参道商店街の街並み景観づくりの提案を行った。

　2011年、神奈川県小田原市では、「銀座・竹の花周辺地区景観計画」を市から受託して、街路計画と街並み形成規範を作成し、その後、ルールに沿った商店街の40店舗の改修計画を作成した。

　さらに「NPOアーバンデザイン研究体・UDM」と連携して研究会やシンポジウムに参加し、日本各地のローカルのまちの研究を協働で実施してきた。

　これまで研究室が活動してきた主要な研究会やシンポジウムは次項の通りである。

1) 神奈川県小田原市2005
「中心市街地のまちづくりシンポジウム」研究室主催

2) 栃木県那須塩原市温泉2006
「塩原温泉のまちづくりシンポジウム」研究室＋UDM共催

3) 神奈川県平塚市2007
「平塚まちづくりフォーラム」研究室主催＋UDM共催

4) 神奈川県横浜市2008
「横浜市街並型共同住宅の再生」研究室＋UDM共催

5) 熊本県日奈久温泉2008
「日奈久温泉のまちづくり」研究室＋UDM共催

6) 神奈川県横浜市2009
「コンパクト長屋の衣替え」UDM主催＋研究室共催

7) 奈良県宇陀市の伝建地区2010
「大宇陀まちづくりセッション」研究室＋UDM共催

8) 岩手県大船渡市三陸町越喜来泊地区2010〜2019
「泊区復興まちづくり協議会」研究室＋3・11LCP+UDM共催

9) 福島県国見町 2011
「国見町復興まちづくりシンポジウム」研究室＋UDM主催

10) 奈良県天川村洞川温泉2013
「洞川温泉のまちづくり」研究室＋UDM主催

11) 静岡県小山町2016
「小山町のまちづくり」研究室主催＋UDM共催

12) 和歌山県有田市2017
「有田市まちづくりシンポジウム」UDM主催＋研究室共催

各ローカルのまちでは、地元の行政や地元市民や各種団体と協働しながら多くに機会を得て成果を出すことができた。

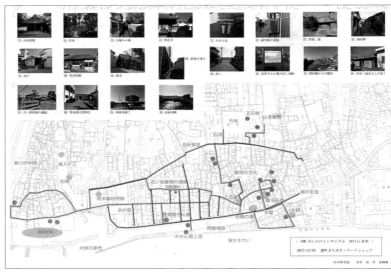

有田市港町のまち歩きマップ

まちづくりシンポジウムポスター

まちづくりシンポジウムポスター

小田原市の卒業設計・シンポジウム

小田原市銀座商店街 折五四商店

平塚市大門通り 全景

平塚市大門通り全体パース

平塚市 まちづくりシンポジウム ＠市役所ロビー

小田原市銀座商店街 江島

## 3. ローカルファストの研究

　2012年から茅ヶ崎市の「ローカルファースト研究会」の活動に研究生と参加して、ローカルファースト（LF）の研究を開始した。

　運動は、北米西海岸の各主要都市に広がっている新しいまちづくりのコンセプトである。研究室でも海外都市研究を行うとともに、この視点から2008年のニューヨーク市、2010年のシアトル市、2015年のサンフランシスコ市など実態調査を実施してきた。

　そして2013年12月に「ローカルファーストが日本を変える」（東海大学出版会）を出版することになり、大学の設計課題や研究室が取り組んだプロジェクトの研究成果を発表する機会を得た。

　その後、2014年6月に「一般財団ローカルファースト財団」が設立され、その研究組織としてLF研究会が位置付けられたのを契機に研究生が参加して、本格的な研究活動が再スタートした。

　茅ヶ崎市は、他の湘南地域の都市と比べて地域愛が強く、茅ヶ崎らしいライフスタイルが展開されている。ところがこれまで過去のイメージが固定されてしまい、まちの実態との乖離があった。

　そこでLF運動を、地元の市民・商業者・企業・学生等が集い、フラットな関係の組織をつくり民間主導で活動を展開してきた。

　さらにLF研究会は、年2回のLFジャーナルの発刊と年1回のシンポジウムを開催をしてきた。日々の活動は、LFのまち歩き、様々な交流イベントを仕掛けて、認知度を高めていった。

　現在「ローカルファースト」という価値観を広めるために様々な活動を日本全国に展開している。

　この活動では、毎年、学生がまちづくりの提案を様々に行ってきたにだが、特に2016年から茅ヶ崎市の西部地区にある浜見平団地は建て替えが進行して、中心にあった浜見平商店街の空き店舗活用化事業に取り組んできた。

　空き店舗の活用に向けてLFショップを企画、そして店舗の設計・施工を手掛け、店の運営などの全般にわたり協働してきた。この店は廃品をアンティークとして低価格で物々交換する店だったが、店長と2人のアルバイトを雇って運営できる売り上げまで経営を成り立たせ

たが、私たちの期待していたモノの交換でなく、モノにまつわる個々の物語が交換されているのだと理解することができた。

この活動は、団地商店街の活性化と団地更新のためのコミュニティの継承を考える良い機会になった。1年数か月の期間で、団地の住民との間に深いつながりが生まれ、毎日訪れる市民、多世代が集い、交流を育み、暮らしの居場所となり、新たなLFコミュニティが生まれた。そして、浜見平団地のクロージングイベントとして「50回目の誕生会」を開催、戦後の新興団地が果たして来た社会的役割や意義を再確認することができた。

この活動は、国・県・企業・団体など広く注目されるようになり、大きな成果を得ることができた。

ローカルファーストジャーナルで研究成果が発表されている。

創刊号：「食がまちを変えている」（平成27年3月）
第2号：「ストリートがまちを変えていく」（平成27年10月）
第3号：「お店がまちをつくっていく」（平成28年3月）
第4号：「ローカルスーパー」がコミュニティをつくる（平成28年9月）
第5号：「ローカルファーストが「居場所」をつくる」（平成29年2月）
第6号：「ローカルファーストがつくる「食」のまち」（平成29年10月）
第7号：「スポーツが健康なまちをつくる」（平成30年2月）
第8号：「文化とライフスタイルがつくるローカルファーストなまち」
（平成30年10月）
第9号：「ローカルファーストが創る賑わいのあるまち」（令和元年11月）

# 5. リローカリゼーションの学び

　これまで全国各地のローカルのまちを訪れ、多くの交流に恵まれた。特に、2011年の東日本大震災以後は、東北各地の仙台市、石巻市、盛岡市、大船渡市、一ノ関市、登米町、福島市、国見町等で、ローカルのまちの研究をすることができた。

　近年のローカルを概観すると、地方行政の中心である県庁所在地の都市は、県内の人口移動によって人口減少は比較的緩やかで他の県内の市町村と比べて元気があった。

　産業都市は、高度成長期に急速に拡大してきたが、産業構造の変化によって減速気味で、誘致企業の業績が悪化すると縮小や撤退が進み、まちの衰退を余儀なくされてきた。

　歴史都市は、世界遺産ブームなどが影響して、歴史文化への興味が喚起され、国内はもとよりインバウンドの観光需要を取り込んで、交流人口が増加し、何とか支えられてきた。

　そのほかの過疎のローカルは、全般的に人口減少が進み、衰退が激しい。それでも徳島県神山町、山梨県早川町、北海道ニセコ町などは、過疎地でありながら、域内外の人々との交流を深めて、独自の活性化策を実行している。このように取り組みの違いが地域間の格差を拡大してきた。

　ローカルは、グローバル社会の影響は受けているが、他に例のないオンリーワンの個性を発揮し、独自のまちづくりの道を歩むことで、消滅の危機を穏やかに回避している。いずれ訪れるまちの終焉まで、豊かに暮らせる戦略を取ることで、新たな活路を見出している。何も

しないよりは、挑戦することに意味があると考えている。

　ローカルが生き残ることは生易しいことではない。しかし、この章で述べてきた各研究成果を見ても明らかなように、地域に根差して、地域の持つ「自然力」や「歴史・文化力」、生き抜いてきた「暮らし力」に注目することによって活力を見出しているのが分かった。現代社会の中で、環境・経済・社会をリンケージさせて、持続可能で豊かな暮らしの場を創造するためには、地域内循環に注目したリローカリゼーションを推進することである。

　若い学生たちは、多くのローカルのまちを研究することによって、そこでの課題が明らかになり、彼らがこれから先に何をすべきかについて理解できたと思うので、彼らには、ローカルにこそ、未来を創造する可能性を秘めていることを認識してほしいと考えている。

　まちづくりでは、必ずというほど「まち歩き」「まち使い」「まち育て」のワークショップが必要である。そして市民参加によってまちの暮らしの情報を「共有化」し、まちづくりの「見える化」することが大切になる。

　そこで、次章では「まち歩きマップ」「まちづくりマップ」など、まちを記述と編集するまちづくりの実践的手法である「マッピング」について紹介する。

Chapter

# 3

マッピング
- まちづくりへの実践的手法 -

# I. 開発型から修復型へのまちづくりへ

　日本は、江戸時代の近世都市を明治以降に近代都市に改編して約150年を経ている。さらに、約100年前に都市計画制度ができて都市整備が進められた。戦後の高度経済成長期には都市を拡大させ、近年の経済低成長期に移行すると都市の縮減が起こり、コンパクト化が推進されてきた。

　都市は、総合計画や都市マスタープランによって計画的にコントロールされてきた。近年は、成熟社会に移行して、市民の身近な暮らしの場の充実が求められる。従って、まちづくりは大規模な都市改造による開発型よりも、既存市街地を改修する修復型によって、新たな価値を創り出す方向に移行してきた。

　研究室が初期に共同研究した小田原・平塚・秦野・横浜のいずれの都市も、江戸時代の浮世絵師歌川広重によって描かれた「東海道五十三次」の木版画に登場している。その絵には街の特徴が端的に描かれ、一瞬で当時の都市のアイデンティティを伝えてくれる。同じように、江戸時代の古地図に表されている平塚は、集落を色分けした印で示しているので、その集積状況からまちの繁栄を読み解くことができる。このように都市を絵やイラスト、あるいは地図に表記することによって、都市のあらゆる特徴を一見で把握することができるようになる。

　現代は、都市の記述には様々な手法があり、都市のデータをCGや動画でビジュアルに表現して、都市の構造や特徴を記述して表現することができる。

　特に、近年のまちづくりでは、身近な生活空間を対象にしているので、

　市民参加のまち歩きを通してまちの魅力や価値をマップに現わす調査が行われてきた。

小田原市　　　　　　　　　　　　　平塚市

保土ヶ谷　　　　　　　　　　　　　平塚市古地図

# 2. 都市の記述・マッピング

　まちづくりの視点からは、都市のあらゆる関係性を読み解きながらマッピングすることが大切である。日本の都市の発展と変遷を考えれば、新たに都市をつくるよりも、既存の都市を再開発する時代を迎えている。

　そこで登場するのが修復型のまちづくりである。日本は歴史の長い

都市が多く、つくり替える事例はあるが、長い歴史の変遷を前提とした時間軸を読み込んだまちづくりが、まちの価値を創出する上では重要になってきた。スクラップアンドビルドであれば新たなまちの姿だけがあればよいのだが、修復型では既存の都市空間の継続と改編がポイントとなる。

　従って、まちを新たな視点で見直す姿勢が求められる。客観よりはそこに住む市民の主観を大切にした調査が有効的であり、まちを丁寧に記述することが重要になる。都市全体と言うよりは、身近な生活の場である市街地内の生活空間の実態を把握することが目的となる。

　歴史都市の小田原市は、一般的に、城下町の歴史・文化が注目され観光化されてきた。しかし、旧東海道の宿場町に注目することによって、まちを支えていた庶民の暮らしやなりわいの実態が明らかになり、小田原のまちで展開されてきた変遷を新たに発見することができた。

　また、戦災を受けた商工都市の平塚市では、産業や商業が注目されてきたが、実は長い歴史の中で主要な舞台として活躍してきた歴史都市であることが明らかになり、失われてしまったと感じていた様々な暮らしやなりわいの歴史が綿々と続いていることが理解できた。

　しかし、ハード面では、まち並み景観の各要素、歴史・文化資産の状況等、ソフト面では、市街地の暮らしの風景等を探し出すことで、そうした断片的に集められたまちの資産（人・場所・時間）を地図の上でつなぎ合わせ、市街地の実態を見える化できれば、まちの課題を新たに語り合えるようになり、まちづくりのストーリーを導き出せるようになる。

　住民が自分たちの暮らしている場所の魅力を再発見することが、自らの暮らしやなりわいをより良くすることに繋がり、市民協働が起き、

新たなコミュニティを再生する動機づけにも繋がる。そうした活動の先には、市民自らシティプライドを醸成して、まちの魅力をシティプレゼンテーションする情報発信に繋げることができる。

　これまで、ローカルのまち歩き調査によって制作した「まちづくりマップ」を紹介する。

2005年神奈川県小田原市「小田原板橋マップ」
2006年神奈川県平塚市「花咲く物語りに出逢える平塚宿マップ」
2006年栃木県那須塩原市「塩原温泉まち歩きマップ」
2008年神奈川県平塚市「平塚市駅どこどこマップ」
2008年神奈川県平塚市「ひらつかサイクル＆ウォーク・
　　　　　　　　　　　　海の手ワクワクめぐりマップ」
2010年奈良県宇陀市「宇陀松山地区まち歩きマップ」
2012年神奈川県藤沢市「遊行寺地区まち歩きマップ」
2012年神奈川県秦野市「秦野あきない物語めぐりマップ」
2013年神奈川県二宮町「湘南みかん風のまち歩きマップ」
2014年神奈川県三浦市「三浦漁港まち歩きマップ」
2016年神奈川県松田町「寄地区まち歩きマップ」
2018年和歌山県有田市「5つ星プロジェクト港まちマップ」

紫原温泉まち歩きマップ

平塚市まち歩き調査

平塚市まち歩きワークショップ発表

平塚市まち歩きマップワークショップ

塩原温泉まち歩きマップワークショップ発表

# 3.「場の力（パワーオブプレイス）」

　まちづくりの考え方を大きく転換してくれ
たのが、米国の社会学者で都市計画家でもあ
るドロレスハイデン氏のパブリックヒストリー
としての「生活景」を扱った「場の力」を紹
介したい。

　この著書では、大都市ニューヨークの下町
で活躍した黒人の産婆さんのオーラルヒスト
リーを紹介している。名もなき市民の街中の暮らしの居場所で記憶さ
れている「場の力」を顕在させ、参加型のまちづくりへと導く理論と
実践が書かれていた。

　つまりまちづくりでは、為政者である偉大な政治家や専門家によっ
てつくられてきたと捉えがちだが、実は、まちなかに暮らしてきた名
もなき市民の暮らしやなりわいの「生活景」にこそ、まちの本当の価
値があると捉える画期的な考え方で、これからの市民社会のまちづく
りに活せることを示唆してくれた。

　平塚市と東海大学が連携したプロジェクト「平塚コミュニティデザ
イン研究体」の取り組みでは、こうした視点に立って、まちなかの「場
の力」を活かした、第2の復興を目指した「湘南ひらつか・お宝プロモー
ション」の研究活動を2007年から2年間にわたり実施してきた。

　これからのまちづくりでは、地域再生が急務なのだが、そのために
はこうした市民参加型のまちづくりを推進しなければならず。「場の力」
の有用性について、学生達と市民が一緒に活動や実践を通じて、確認
することができた。

# 4. 地域資源の評価と活用

　ローカルは、埋もれている地域資源・資産に注目することによって、その魅力と可能性を引き出すことができるようになる。

　小田原市は、魚業が盛んなことから、水産業が発達して、かまぼこ・干物・塩辛と言った海なりわいの物産がつくられ、小田原を代表するお土産品として確たる地位を築いてきた。そして現在、400年以上も続く老舗店舗が活躍するなど「なりわい文化」が継続されている。

　また、小田原には明治期以降の別邸文化が花開き、著名な政治家や経済人の別邸が建設され、近代数寄屋の建物と庭園が多数残されており、「邸園文化」が発見できた。

　現代社会の中では、過去のものとして扱われてきたが、そうした暮らしやなりわいの中に、これからの小田原のまちづくりで個性をつくりだすコンテンツが豊富に残されていることに気付かされた。

　これまでの小田原観光と言えば、お城観光が中心であったが、最近は、こうした2つの文化が小田原を象徴するようになり、まち歩きツアーや訪れる生活者が増えてきて、交流の機会を創出している。

ローカルのまちの地域資産に対しては2つの視点から考えられる。

┌── **1. 大きな地域資産の価値** ─────────

**都市文化**
都市を成立させた地勢学的条件を背景に形成されてきた「都市文化」などの価値。

┌── **2. 小さな地域資産の価値** ─────────

**生活文化**
ローカルの市民の生活の中に、面々と継承され続けられてきた暮らしの文化、すなわち「生活景」の価値。

　これからのまちづくりでは地域資産の価値の発見と活用が求められ、そのためには大きな地域資産＝都市文化から小さな地域資産＝生活文化（生活景）へと見方をシフトさせ、市民参加によって暮らしの価値を引き出して、個性を際立たせることが重要である。

　幸福感をもたらす豊かな暮らしを実現するためには、非日常の特別な日だけではなく、日常の中に非日常をつくるように、メリハリのある情緒のある暮らし方＝ライフスタイルを実現することが重要になり、日常の暮らしの風景＝生活景を豊かにすることが大切になる。

　最近注目されている「まち歩き」は、タウンツーリズムと言われ、健康志向だけでなく、自分の暮らしているまちをより良くするために、他のまちの日常の暮らしのよいところを見て回り、体験的に地域資産をリサーチする手法である。

　地域資産の活用は、地域の地勢・歴史・文化・経済の固有性や独自性に着目することが基本になるが、さらに、市民の生活景にまちづく

りの新たな視点を加えることによって、地域固有の生活文化を再生することができる。

横浜の子供たちによる積み木のシムシティワークショップ

# まちづくり研究事例②

## Ⅰ. 小田原市のまちづくり

　小田原市は、千年にわたり繁栄してきた歴史都市であり、城下町と宿場町の両方の顔を持っている。市の観光では小田原城と城下町がクローズアップされているが、一方で旧東海道の宿場町に注目すると、市民・商人・モノづくり人の暮らしやなりわいの風景である独自性のある「生活景」を発見できた。

　2000年から3年にわたり政策研究組織「小田原政策総合研究所・PRIO」では「小田原千年蔵構想」を発表し、小田原らしい「なりわい文化」と「邸園文化」の2つの文化を活かすまちづくりの政策を提言することができて、その後、現在の「NPO法人小田原まちづくり応援団」へと引き継がれてきた。

　研究室では、2005年に小田原市を対象に共同研究に取り組んできた。そして「まちえんカフェ」にサテライトキャンパスを開いて、学生たちのまちづくり提案の発表の場とした。同時に研究会を開いて、市民との意見交換や事業化への可能性について検討した。具体的な活動に結びついたのは、市内の「折五四商店」の改装、「相田酒造酒蔵」の保存、「いこいの森バンガロー」の建設などのプロジェクトである。

　そして、小田原TMOからは板橋区のまちづくりマップ「板橋まち歩き方・茶人文化と花のまち」の制作が依頼された。市北西部に広がる高台には、邸園文化を花開かせた著名人の別荘群が立地していた。地区の歴史的資源を調査し、近代数寄屋建築と庭園を中心に地域資産の魅力を伝える内容に編集することができた。また、制作したマップの効果を検証するため、まち歩きイベントも開催して、小田原市の「まちなか観光」の活動に貢献してきた。

「板橋の歩き方 茶人文化と花のまち」
ガイドマップ

「いこいの森バンガロー」プロジェクトの発表会風景

## 2. 平塚市のまちづくり

　平塚市は自然環境に優れ、平坦な地形から、戦後の都市区画整理が行われ、街区と公共施設の整備が充実した都市であった。一方で、市域の歴史資産に対する意識は低く、須賀湊、平塚宿、八幡神社、横浜ゴム洋館などの資産が発見できた。そこで2006・2007年は、平塚市を対象に共同研究を進め、そうした歴史資源を活かしたまちづくりの提案を行った。

　特に、2007年にはまち歩きマップ「花咲く物語りに出会える・平塚宿」を市から制作依頼され、研究室と地元市民団体とが一緒になって、まち歩き調査とワークショップを繰り返して完成させた。地元のイベント時にも、このマップ活用の社会実験をするために、まち歩きガイドツアーを実施して検証を行い有用性の確認をした。

　その後、2007年には平塚市と東海大学の連携協定を活かして、市内の課題解決を研究する官学民連携の「平塚コミュニティデザイン研究体・HCDI」を設置した。

　1年目は、「街なか観光のまちづくり」の政策と「湘南ひらつかお宝プロモーション」の実施提案15策を提案した。

　2年目は、実施提案15策から「街なか観光」の効果が期待できる3策を選んで実証事業を実施した。

　この研究でも、市内の人材を発掘する「平塚達人マップ」を作成、平塚駅の自由通路の改札前の床に街なか観光のガイドマップ「平塚どこどこマップ」を設置、そしてアンケート調査、平塚市の平坦な地形活かした自転車を使った街なか観光の新たな仕組みとして「サイクルアンドウォーク」を提案、ガイドマップの「海の手、ワクワクめぐり」等を作成した。各まちづくりマップの制作だけでなく、必ず実際に活用して、その効果を検証してきた。

平塚市のまちづくりでは、市民・大学・行政の3者が協働した政策研究機関として初めての試みで、自立した市民参加の仕組みづくりと市民活動の連携をオープンでフラットなプラットフォーム＝HCDIによって「協働」「共創」「共感」をつくる仕組みづくりが実現できた。

　活動は徹底した現場主義による市内の問題解決、お宝（人・もの・情報）を磨くマッサージ型の質の高いまちづくりを推進した。提案した政策の有効性を確認するために社会実験事業を実施することによって、市民の「創発力」を育み、経験価値の共有を図り、自己評価による課題の抽出を行った。そして「大きな観光」から「小さな観光（ツーリズム）」を目指して「回る」「巡る」「物語り」の仕組みをつくり、平塚市を総合ツーリズム都市「グリーン・ブルー・アーバン・ルーラル」にすることよによって、住んでよし、訪れてよしのまちづくりを目指してきた。

　まち中の「人」「もの」「情報」すべてが観光交流の資源となり「交流の舞台」はまちの「暮らしの風景」が対象となる「街なか観光のまちづくり」の活動母体の育成へ、HCDIが示した市民参加の仕組みは各地区に展開することを提案できた。

## 3. 南足柄市まちづくり

　神奈川県県西部の南足柄市は、金太郎の生誕地で有名である。酒匂川沿いの平野部と山間部の森林地帯で構成され、豊富な水源のある里山景観が広がるまちである。

　景観まちづくりについて全市的に意識を向上するために景観講演会や市民参加型のワークショップを開催した。3年にわたる活動は、1年目に市の景観の特徴をマップに作成、2年目にシティセールスをするキャッチコピーの作成、3年目はモデル地区のヒアリング調査を行った。

　また、和田河原・塚原地区まちづくり促進事業では、2016年から3年にわたり、和田河原・塚原地区の市街化区域に編入できなかった市街化調整調整区域の土地利用の調査研究を行った。農地と住宅が混在している地区で、将来の土地利用の方向性を引き出すために、地区住民を交えて市民参加型のワークショップとアンケートの調査を行い、最終的には住民と協働で考えた将来のまちの姿を模型やパースを制作して広く住民に「見える化」して、合意形成を図った。

　その中からの農地活用として、大豆の育成を民間企業の支援で実施し、豆腐などの製品を製造して成果につながっている。

　そして、南足柄市の公共施設再編調査研究では、2018年に市からワークショップによる検討会の運営と調査を依頼された。

　市では、将来の人口減少と少子高齢化の進展、地域の偏在などを見据えて、1970年代から80年代にかけて整備された大量の公共施設の老朽化、利用率低下などの問題を抱えている。既存施設の基礎調査データを基に、市内の公共施設の再編を検討する「未来につなげる新たな街をデザインする」をテーマに、市民参加によるワークショップで研究生が一緒になって意見交換が行われた。

　私の研究室で、5回のワークショップの開催と、4回の地区別懇談会の実施を手伝い、さらに市民向けのアンケート調査の分析と報告書の作成、最後に報告会を兼ねたシンポジウムを開催して、学生と市民の代表が成果内容を発表することができた。

シンポジウムの風景

ワークショップの風景

地区説明会の様子

# 5. マッピングの学び

マップづくりにはどのような役割があるのだろうか。

**①我がまち意識の醸成**

生活の身近な場所から未利用資源を協働で発見することによって、まちの資産を再認識する機会となり、我がまち意識が醸成できる。

**②まちづくりの合意形成**

様々な意見の集約や見える化によって、まちづくりの方向性やまちの未来を考える機会や合意形成の機会を与えてくれる。

**③シティプライドの醸成と発信**

市外に向かって市民自らが、まち自慢を発信する方法として有効であり、結果的に、市民の誇りを醸成することに結びつく。

まちづくりは、多様なセクターの参加が必要になるので課題を発見し、議論する方法として具体的に地図の上で課題を明らかにすることができる。特に、まち調査の場合には、ネット情報が豊富なので、机上でデーター分析の作業をしがちである。

しかし、実体のまちを知らずして、課題発見や課題解決はありえない。そのためには、現場となるまちに出向いて、まち歩きを繰り返しながら、ワークショップを重ねて、合意形成を図り、まちの方向性を共有することが大切になる。

研究生にとっては、こうした現場に積極的に参加して体験的に学ぶことはとても有意義である。さらにマップ制作を通じて、そのまちの特徴を捉え、方向性をまとめ、どのように発信するかなど、様々な角

度からまちを考える機会が得られた。

　まちづくりでは、住民をはじめ地域の企業やNPOや大学など多様な担い手が参画する手法が各地で行われている。具体的なまちの課題を取り上げて議論することから生まれる実践的な活動こそが意味を持っている。

　都市はデザインマネジメントや都市戦略に携わる多様な分野の専門家との連携も不可欠で、人や組織を柔らかくつなぎ合わせて、新たな価値を創造することが求められる。

　そして、マップづくりは、次世代の人材育成の育成プログラムとしても役立てられる。誰にでもわかりやすく、楽しいプロセスによって制作すれば、広範な市民をまちづくりへと参加する機会を増やすことになり、市民自らがまちづくりを手掛ける機会をつくりだせる。

　まちづくりでは、地域資源の「ローカルマテリアル」も大きな要素のひとつなので、次章で取り上げて紹介する。

# 宝の地図をデザインする

　携帯電話やスマートフォンの普及率が100%に近い昨今、地図アプリをタップすれば、自分の現在地を知ることも目的地までの最短ルートを調べることも自由自在です。アプリには、道路の名前、バス停の位置、建物や店舗の情報、航空写真、道路から見える景色までもがプロットされているので、もはや分からないことは無いような感覚すら覚えます。しかし、情報が膨大であるがゆえに、知りたい情報に辿り着けないということも起こります。私たちは、膨大な情報の中に埋もれてしまっている"地元の宝"の情報を多くの人に伝えるためのアイテムとして「宝の地図」をデザインする必要がありました。

　私が研究室でマップ作りに初めて携わったのは「平塚宿史跡絵地図」で、これはかつて「平塚宿」として栄えた平塚市内旧東海道沿いの街を歩いて、平塚の歴史を再発見してもらうことを目的としたものでした。表面では明らかになっている平塚宿の概要、宿場町に存在していた施設を解説し、現在も残る史跡や地形に関した逸話を紹介しました。裏面は地図とし、史跡・神社仏閣をプロットし、それらを廻るためのコースを提案し、旅のお供には欠かせない甘味処を紹介しました。伝えるべき情報を厳選し、的確に効率よく伝わるようにするにはどうするべきか、修正を重ねながらデザインを進めていきました。

　作業も終盤に差し迫った頃、表面と裏面の向きについて検討する機会があ

りました。折畳み方は既に決まっており、横向きのA3用紙を下に折り目が来るように半分に折り、横に細長くなった紙面を五等分するよう右から山・谷・山・谷とジグザグに折り畳んで完成です。では、畳まれたマップはどのように広げられるか、私は想像しました。『折畳まれたマップを取った人は、表紙を眺めつつジグザグを横に広げ表面の上半分を見るだろう。下半分を見るためには、上半分を固定しつつ下半分をクルッと手前に広げるはずだ。表面の上半分、または下半分を見つつ、次に裏面を見ようとする人はどのように開くだろうか？きっと先程の開き方と同じように、横向きの長手方向を軸に、上半分または下半分をクルッと動かすはずだ。ならば、表面と裏面を上下逆に配置すれば、開いた先でも裏面の天地が自然と合い、ユーザーはストレスなく見続けることが出来るのではないか。』この理論をその場で説明したところ、この案が採用されることとなりました。

　こうして、多くの研究生たちが手を動かし知恵を絞り合い、「平塚宿の歴史を、魅力を伝えること」に特化した一枚のガイドマップが完成しました。薄紫色の紙に一色刷りされたマップは訪れた人たちの手に渡り、その役割を十分に果たしたことと思います。

3期 岩井 徹郎

Chapter

# 4

## ローカルマテリアル

− 木材資源・地材地匠 −

# I. ローカルマテリアルに注目

　地球には多様な自然資源が豊富に埋蔵されている。そして、鉱物資源からは、人工素材の鉄・コンクリート・ガラス・アルミ等、石油・天然ガスからは、燃料・エネルギー、それぞれ高温高圧の産業技術によって取り出し、社会資本の形成に活用してきた。

　しかし、近年、二酸化炭素の排出量の増加による地球温暖化が深刻であり、地球環境問題となり、国や国境を越えて協力して取り組んでいる。

　そこで注目されるのが、環境循環型素材である木材資源である。産業革命以前は、低温低圧の産業技術で、それに適した社会資本が形成されたので、環境負荷が少ない素材として木材が活用されてきた。

　世界の木材利用は、先進諸国では減少傾向にあるが、後進国からの木材輸出は増加している。木材は、二酸化炭素の循環に大きく貢献する再生産可能な環境循環型資源である。世界の森林資源の現状を把握しながら、バランスよく活用しなければならない。

　世界の森林面積は、2015年時点で、約39.9億ha、陸地の約30.6％を占めている。しかし、毎年510万haの森林が減少している。1990年から2015年までの間に1.29億ha減少していることになり、南アフリカの国土面積に匹敵する規模になっている。

　現代社会は地球環境の環境負荷軽減・資源循環といった課題に応えながら、持続可能な社会を構築する必要があり、木材資源をバランスを保持しながら活用することが重要になる。世界の森林は多種多様な樹種が成育している。それぞれの地域の木材資源に合わせて独自のロー

カル文化を育んできているので、私たちは多様な木材資源とローカル文化を融合させて、現代社会に活かしてゆく道を模索しなければならない。

# 2.　日本のローカルマテリアル

　日本は、国土の約70％が森林で覆われている世界有数の森林国家である。各地には、地質や気候風土にあった地域固有の木材資源が成育され、豊富に蓄積されている。

　日本列島には、南の沖縄にマングローブ等の多雨林、九州以北にアラカシ・クスノキ等の照葉樹林、本州の中北部から北海道の東部以外に、ブナ・ミズナラ等の落葉広葉樹、北海道東部にエドマツ・トドマツ等の針葉樹林の森林層が平面的に分布し、多様な木材が成育している。日本列島は高低差や温度差があるために断面的に捉えると、低地と山間部とでは異なった樹林層が重なって分布しているので、各地域では重層した樹種が成育してきた。

　国内の森林資源の蓄積量は、人工林が約53億㎥の規模であり、年間の蓄積量は、約8,600万㎥となり、豊富な森林資源が成育している状況である。

　国内の1年間に使用する木材量は、約7,400万㎥で、蓄積量とほぼ同じである。木材利用の内容を見ると、国産材が約30％で、外材が約70％を占めている。国は、国産材利用を約50％にすることを目標にしている。しかし、毎年成育している約30％しか出材されず、木材製品化率が約40〜50％なので、国内の木材需要量を賄えない。その結果、

輸入材に頼らなければならない。

　日本は、世界の木材が集まる輸入大国であり、地球環境の面からも、輸送の二酸化炭素を軽減し、バーチャルウォーターの輸入を減少させるためにも、国産材の利用を増やす意義がここにある。

奈良県川上村の樹齢200〜300年級のスギ林

# 3. 木材資源の現状

　国内の木材資源の状況は把握できたが、木材資源に関わる社会認識について4つの課題を整理する。

## 1) 木材資源に対する国民の理解促進

　日本は森林国家で国土は緑豊かだが、江戸時代までは、木材資源への依存度が高く「はげ山」の状態であった。戦後育林が推進されたので豊かな森林が育ってきたのだが、現在の森林を訪れると、育林が放棄されて荒廃が進んでいる風景が見られる。

　象徴的な事例として、伊勢神宮の遷宮がある。20年毎に同じ御社を建て替えている。木材は国産のヒノキ材が使われてきた。育林がしっかりと行われないと、大径木の木材の確保が難しくなる。人工林は「利用して育林する」ことが重要であり、そのことを市民に理解してもらわなければならない。

## 2) 木材の違法伐採問題

　戦後の植林事業によって、国内の木材資源は豊富になっている。森林の適正管理と木材流通ルートを明らかにしながら、森林の持続可能性を確保するためには、トレーサビリティが重要になるのだが、国内でもまだ充分に行われていないのが実態である。

　さらに国内外では、いまだに違法な伐採や流通経路を明らかにしていない非合法木材が流通している。2017年5月20日に施行された「クリーンウッド法」によって合法木材の利用が義務づけられてきた。

## 3) サプライチェーンの再構築

　木材関連産業は中小零細企業が多く、地域内の連携と循環によって支えられてきた。

　住宅建築のスタイルが洋風化することによって和室が無くなり、床柱や天井材など各種内装用木材、いわゆる銘木の利用が激減したので、木材利用の内容が変化してきた。一方で「品確法」によって木材の強度性能を確保した集成材やCLTなどのエンジニアリングウッドが幅広く使われるようになり、工業製品化された木質材料へ移行してきた。

　さらに今後は、中大規模木造建築が建設されるようになるため、これまでの住宅建築が主流だった国内の木材流通を、新たなサプライチェーンに再構築することが求められている。


## 4) 林産地のローカル社会の崩壊

　国内は、都市化と非木造建築の増加で、木材利用が激減してきた。さらに安価な外材輸入が加速され、ローカルの経済循環を支えていた基幹の木材産業が衰退してしまったので、ローカル社会は疲弊してしまった。

　日本は、都市部をローカルの自然資源が支えている構図になっている。環境省は、2018年4月に「地域循環共生圏構想」を示して、都市とローカルを結びつけ、弱体化した地域間連携を復活させ、都市とローカル両方の生活基盤を支える構図を描いている。

　国内の社会資本整備においては自然資源の活用を推進する必要がある。

# 4. 木材資源の活用

　国内の木材資源の状況は、育成量が膨大に増えているが、それにみ合う利用量が増えていないのが課題である。日本の森林は、国土保全の観点から涵養林として水源確保、防災機能の役割、さらに木材資源の供給などの役割を担ってきた。

　従って、「森」から伐採された木材が、「里」の木材加工産業によって木材製品として生産され、そして「まち」へと流れて木造建築に使われる一連の流れがカスケード利用であり、各段階の管理が重要になる。

　木材は自然素材特有の不均質な材質や性能を備えているので、適材適所に使い分けられる知恵が必要になり、そうした情報交流を盛んにして行かなければならない。

　川上の森林は、長期にわたり管理や施業が行われ、天然林を保全し、人工林を循環利用して維持している。日本は育林の施業、出材などの費用が高く、価格に反映できず、森林管理が行き届かずに荒廃した森林が多くなり、森林崩壊などの災害の原因になってきた。

　川中の木材製材・加工は、木材利用の減少と安価な外材の輸入によって、ローカルの小規模な製材所が生き残れず、大規模で高効率な製材・加工工場に集約されている。多様な木材資源を適材適所に使い分ける大工技術から、品質を安定させた機械加工技術へと移行しているので、木材の製材品の利用率は下がり、品質の安定した集成材や合板などのエンジニアリングウッドの利用が増えてきた。

　川下の建設業では、伝統的な大工技術による住宅よりも、プレカット技術や2×4工法の導入が増えている。工業化住宅のメーカーはほと

奈良県吉野地方で「奈良の木大学」を開催 300年の杉を見学する

んどが2×4工法に移行し、さらに非木造化も進んできた。

　住宅着工数は年々減少し、2010年の「木材利用促進法」の施行によって公共施設の木造化・木質化が推進され、新たな供給先を開拓しているが、現代の中大規模木造建築の経験の少ない我が国では、各種の法整備、仕様規定、防火認定など、新たな技術開発が充分でなかったために、こうした木材技術の研究を広い分野で推進してきた。

　研究室でも、地域材を活用した木造建築の研究に取り組み、森林のカスケード利用の現場を体験してきた。奈良県が主催する「奈良の木大学」は、夏休み期間の3泊4日の日程で学生を対象とした短期集中型の研修である。私は、このプログラムに関わってきたので、毎夏学生と一緒に参加して、奈良県ならではの室町時代から行われてきた吉野林業の実態や古建築の特別視察などによって林業から伝統的な木の知識や技術まで新たな視点から学ぶ機会を得ることができた。

## 5.　木材を知る

　木材を利活用するためには、木材の多様な素材性能（強みと弱み）や素材効果について詳しく知る必要がある。

　木材資源は、大きく分けて、広葉樹と針葉樹の2種類だが、それぞれの樹種に特徴があり、木材の科学的な特性を見極めて、適材適所に使い分けなければならない。

　近年は、素材研究が進み、木材の科学的な性能を把握できるようになり、木材を安定的に利用する技術開発も進み、木材利用の可能性は各段に広がっている。

木材の特性の主なものを紹介する。

## 1. 木材の弱点の克服

　木材は自然資源なので材質が均質でなく、他の素材と比べて弱点だと言われているが、近年の材料研究でその克服方法も明らかになっている。

### 1. 腐る

木が腐る原因は水分が原因なので、木材は乾燥して使う必要がある。水にぬれたり乾いたりを繰り返す環境に置くと腐ってしまう。逆に水につけたままだと腐朽菌が発生しないので腐らない。昔、木場では丸太を水に浮かべて保管していたことからも分かる。

### 2. 反る

木は反る。木材は１年で夏目と冬目が育ち、夏目は白く、柔らかく、幅が広い、冬目は赤く、幅が狭く、硬い年輪で構成されている。乾燥や経年変化によって変化する性格がある。乾燥することで反りや割れを避けることができる。

### 3. 燃える

木は燃える。木材は、温度が高くなり、酸素が供給されると着火する。ところが逆に表面に炭化層ができると酸素が遮断され、燃えどまる性質もある。その性能を利用したのが、燃えしろ設計という方法である。

## 2. 強さを活かした活用

　木材は、弱点が指摘されるが、自然資源だからこそ良い点も備えている。特に構造性能は他の素材と比較しても利点があることが分かっている。さらに木材成分が人間及ぼす効果についても明らかになり、木材利用を考えられるようになった。

┌─ **4. 軽くて強い** ─────────────────────
木は軽くて強度があるので、建築材料の中でも一番優れている。建築の躯体の軽量化、杭基礎の軽減等の利点がある。
└────────────────────────────────────

┌─ **5. その他の性能** ───────────────────
木材の木目が人間に与える精神的な効果、芳香性による健康効果、病原菌に対する予防効果、保温効果等、多面的な性能を備えているのが明らかになり、その性能を活かす設計ができるようになった。
└────────────────────────────────────

# 6. 地材地匠

　木造建築は、適材適所に木材の特徴を活かして利用することが基本である。現在は、国内外の多種多様な木材の中から自由に組み合わせて使うことができる。

　しかし、日本の地域材の利用状況を考えると、今後、積極的に増やさなければならない。世界は現在、自由貿易なので、国内産の木材は、出材費がかかり、安価な海外材には太刀打ちできない。予算の厳しい場合には、国内外の木材をバランスを考えながら組み合わせることになる。

　そうした状況なのだが、地域材を利用する機会を産地に近いローカルから増すことが環境負荷軽減のためには有効である。スターバックスやパタゴニアなどの海外企業は、国内の店舗の木材利用において地域材の積極的な利用を増加させ、かつ積極的に指定している。既に欧米ではそうした取り組みが企業責任で始められており、社会的な企業価値を高めている。

木材利用は、社会や環境などの視点から考えることによって経済を成り立たせる方向に進むべきである。日本の伝統木造技術は、多様な木材資源の利用を支えてきた。品確法によって工業製品のエンジニアリングウッドの利用が増えているが、これからは、地域材を地元技術で実現させる「地材地匠」の木造建築を目指すべきである。

　日本ではこれまで木造建築は、住宅にとどまってきたが、公共施設の中大規模木造建築の道が開けている。それは2010年の「木材利用促進法」の施行によって、流れが変わり、国産材の活用が強く推進されるようになったからである。

　伝統的な木造建築は木材と大工技術が、長い歴史の中で失敗を重ねながら、進化や洗練されて日本独自の木造建築を育んできた。

　現代は、木造住宅の需要も減速してきているので、公共施設への木材利用を推進して行かなくてはならない。木造建築は大型化して、現行法規に適合させるためには、住宅レベルの技術だけでなく、新たな架構技術も開発しなければならない。

　中大規模木造建築は、安全面から高耐震性を備えた上で、防火性能も求められる。そのためには木架構システムが鍵であり、特に接合方法によって全体架構の方向性が決められてしまう。そして防耐火、温熱環境、音環境等の幅広い分野の技術を結集させて融合する必要がある。ローカルのまちの公共施設では、地域連携を深めて、地域の木材を地域の匠によってつくる「地材地匠」を推進することが大切であり、地域づくりのためには木造建築のプロジェクトを立ち上げ地域の産業連関を取り戻すことに挑戦すべきではないだろうか。

# 7. 木造建築の魅力

　木造建築は、木の素材と木組みが直接空間に表現されるのが特徴であり、魅力でもある。しかし、日本の伝統木造技術は近代化の中で発展が遅れ、寺社仏閣や一部の住宅建築に伝わっているだけであった。

　住宅建築は伝統木造技術の流れにある在来工法が主流であったが、欧米からの2×4工法の導入によって取って代わられ、さらに多様な合理化工法も開発されて在来工法は僅かとなってしまった。さらに住宅建築の性能保証や施工の効率化などが求められることになったので、商品化住宅では木造そのものが減少してしまった。

　しかし、近年では2010年の「木材利用促進法」の施行によって中大規模木造建築の道が開かれ、新たな木質材料のLVL・CLTなどのエンジニアリングウッドも登場してきたので、木造建築の可能性はさらに広がっている。

　木造建築は、空間表現に合わせて部材・接合・架構を個別に組み合わせて設計している。80年代には、欧米からの中大規模木造技術が導入され、国内でも数多くの実践が積み重ねられたことによって、欧米を凌駕するレベルまで進み、法整備や技術開発も進んできた。

　その一方で、古建築の再生、近代遺産の継承、$CO_2$削減、防・耐火性能向上など、様々な課題に対する技術開発も行われてきている。これからは木造建築であれば何でもよいという時代ではなく、他の構造とのハイブリッド構造など適材適所に選択するべきである。

　社会のニーズは変化しており、用途に合わせてRC造、S造、W造から自由に構造形式が選択できるので、より良い木造建築をつくるため

には、次世代に継承できる思想・技術・デザインが問われてきた。

　日本は古代から豊富な森林資源によって木材で建築をつくる文化を発展させてきた。神社建築の板倉工法はその代表である。そして大陸から仏教と共に伝わった木造技術を取り込むとともに、国内で洗練させて独自の木造技術へと発展させてきた。

　日本最古の木造建築である法隆寺「五重塔」は、世界で初めて世界遺産に登録された。また世界最大級の木造建築の大伽藍である東大寺「大仏殿」もつくられてきた。

　このように世界に誇るべき木造建築の技術と文化が、国内にもまだ残されており、こうした古建築には、長い歴史で培ってきた木造の知恵と技術が詰まっており、現代の木造建築に活かすべき内容が豊富に発見できる。

　もう1つの知恵は、サスティナブルな建築システムである。伊勢神宮では、同じ建築様式を「遷宮」する仕組みを持っており、20年ごとに再築を繰り返している。これは、森で木を育て、木造技術を世代を超えて伝え、そして木の文化を継承している。繰り返すことによって「永遠性」を確保する日本ならではの木造建築の仕組みである。

東大寺大仏殿

法隆寺五重塔と金堂

# 8. 木材を利用した仮設建築

　研究室では、災害復興に向けた、セルフビルドによる仮設木造建築のシステム開発を長年にわたり取り組んできた。

　私が大学に着任する前の1995年の「阪神淡大震災」の時には応急仮設住宅の問題が取り上げられた。しかも応急仮設住宅や復興住宅は非木造が多く、国産材を使った木造住宅システムの開発を始めるきっかけとなった。

　これまで博覧会の仮設建築の経験を活かして、1997年に鳥取県境港市で開催された「山陰・夢みなと博覧会」では、会場施設を木造仮設建築の新たなシステムにより開発をしてきた。さらに2004年には「新潟中越地震」が発生して再度、応急仮設住宅の問題が浮上した。すでに大学に所属していたので、早速、有志の学生を募り、鳥取博のモデルを参考に開発に取り組んできた。

　そして「丹沢・足柄まごころハウス」を提案し、市民と学生のボランティア活動によって、被災地に4畳半ユニットで8棟の建設を実現できた。

　このことを契機に、研究室内では、木造による仮設木造建築の研究を進めることになった。同時に、大学の設計の授業では、セルフビルドによるビーチハウスを出題し、多くの作品の中から学生たちによって1つを選考して、翌年の夏休みに実物として建設する「平塚ビーチハウスプロジェクト」を立ち上げた。

　このプロジェクトは、木造の応急仮設建築をセルフビルドで供給で

きるように訓練の意味合いもあった。2007年から開始して、4年間にわたり活動を行い、5年目の準備段階の時、2011年3月11日に「東日本大震災」が発生してしまった。

ビーチハウスの主旨から、早速、研究生と一緒に新たなウッドブロック工法の「どんぐりハウス」を開発し、「3.11生活復興支援プロジェクト」の中で「どんぐりハウスプロジェクト」として実施していった。

被災地へは、大船渡市と石巻市の2か所を選定して、仮設公民館と集会場として建設ボランティアを実施した。ここでは、研究室で取り組んだ3つの仮設建築の活動について紹介する。

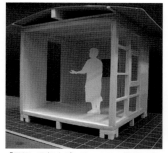

「丹沢・足柄まごころハウスの模型写真」

2009年平塚ビーチハウスプロジェクト
グッドデザイン賞、受賞

2011年 どんぐりハウス

# 木造建築の研究事例

## 1. 丹沢・足柄まごころハウスプロジェクト

　1995年1月17日に発生した「阪神淡路大震災」以後、すぐに開催された鳥取県の「山陰・夢みなと博覧会97」において、こうした災害に対応できかつ復興住宅にも使える木造の仮設建築システム開発を手掛がけており、そのモデルを広くHPで公開していた。しかし、その後、大きな災害でも使用されなかった。こうした情報公開の方法だけでは、普及・拡大には不十分であることに気づかされた。

　2004年10月23日に「新潟中越地震」が起き、再び応急仮設住宅の問題が再浮上した。その時、神奈川県県西部の森林・林業、製材業、建設業と研究室が一緒に集まり、川上から川下までの木材の流れを研究する会を立ち上げていた。第1回の研究会は、震災直後であったので、応急仮設住宅の話題を取り上げ、夢みなと博の仮設建築システムを紹介した。メンバーの賛同を得て、翌日から活動を始め、実現したのが「丹沢・足柄まごころハウス」である。設計は研究室の研究生が担当、材料は森林組合が手配、加工は製材組合と我々ボランティアが担い、活動資金は、会の事務局長をしていた河千田氏が国、県、市に交渉して予算を確保し、走りながらプロジェクトを推進した。
　研究生と一緒に、HPの設計図を確認しながら、新たな図面を徹夜で作成して、打ち合わせを繰り返した。仮設木造建築なので、建設と解体が容易にでき、再利用が可能になるようにまとめられた。製材と接合金物で組み立てる架構システムである。しかし、短時間で本格的な金物を製作することは難しく、簡素化して制作した。最初に4棟、引き続き、金物を既製品に代えて、追加の4棟をつくり、合計で8棟を小地谷市に建設できた。
　今回の仮設木造建築は4畳半ユニットの広さで、市内各所に配置した。建設先は雪国なので、テント建築やプレハブ建築では湿気や結露

などの問題が発生して充分な性能が確保できないので不評であった。それに対して私たちの仮設木造建築は、木の温かみがある性能が確保された空間なので、特に被災地の高齢者の方々に好評であった。震災1年後に、2棟を図書館の敷地に子供図書室として残し、そのほかは、解体撤収して、小田原市の防災訓練などに建設展示する活動を行った。その後2005年に開催された愛・地球博の「地球市民村」の会場にも2棟を建設ボランティアを募って完成させた。この活動を通じて仮設木造建築のプロジェクトは、研究室の活動として引き継がれることになった。

**新潟県小地谷市建設した仮設ユニット**

小田原市の防災訓練でシステムの紹介を行う

## 2. 平塚ビーチハウスプロジェクト

　「平塚ビーチハウスプロジェクト」は、大学の学部1年生の設計演習授業の最終課題に「自力で建設が可能で、木材を活用したビーチハウス」を出題して、約200作品の中から学生の総意で1作品を選び、翌年の夏に平塚海岸に実現させたプロジェクトである。

　東海大学では、学生の社会貢献活動を支援するために「東海大学チャレンジセンター」が設置されている。その中に学外のまちづくり支援する団体「キャンパスストリートプロジェクト」があった。実は大学と平塚市は協定を結んでおり、市内のまちづくりの問題解決を研究する「平塚コミュニティデザイン研究体・HCDI」を設立していた。

　その活動の中に、このプロジェクトを位置付け、研究室のメンバーを中心に建築学科の有志、他学部他学科の学生も加わり、総勢で約50名以上で、2007年度から4年間にわたり活動してきた。

　国内では地震や台風などの大きな自然災害が多発し、被災地では、復興に向けて応急仮設住宅や復興住宅などの建設活動が行われてきた。

　このプロジェクトは、そのためのハード整備と一緒にソフト支援するために、組織と活動のノウハウを残すことを目的としていた。

　応急仮設住宅を建設するプログラムをセルフビルドで計画し、企画・設計から施工・運営、撤去までの一連の活動を学生の手で実施した。

　仮設でも木造建築を原寸でつくるのは、想像以上に大変であるのだが、それでも学生は、毎夏真っ黒になりながら一生懸命取り組んでくれた。

　このプロジェクトを通じて学生たちが成長する姿を見せてくれ、年々ノウハウが蓄積されたことが最大の成果であった。活動内容を学外に広く情報発信するため「ビーチハウスをつくろう！」を出版し、毎年、記録本も制作した。

　3年目の2009年度には、日本グッドザイン賞をはじめ国内外から高く評価された。さらにプロジェクト活動は大学でも評価され、総長賞を2年にわたり受賞することができた。

　そして、5年目には、2011年3月11日に「東日本大震災」が発生し、このプロジェクトは、急遽、活動の本来の主旨であった被災地への復興支援活動の「3・11生活復興支援プロジェクト・3.11LCP」に変更し、応急仮設木造建築「どんぐりハウス」の活動に引き継がれた。


## 3.　どんぐりハウスプロジェクト

　このプロジェクトは、2011年3月11日の「東日本大震」の発生と共に「東海大学チャレンジセンター」の中に大学企画「3・11生活復興支援プロジェクト・3.11LCP」として設置された。

　3.11LCPは、活動期間を10年とし、4期に分けて計画した。組織は「プロデュースチーム」と「応急住宅」・「ライフメディア」・「コミュニティケア」の3つチームを同時並行で立ち上げた。研究生はプロデュースと応急住宅の両チームに所属して、プロジェクト全体の推進と応急住宅のモデル開発・設計・建設を担当した。

　後に「どんぐりハウス」と命名される仮設木造建築の開発は、前年度までのビーチハウスの残材を利用し、試作を繰り返しながら、以前、私が開発していたブロック状に積み重ねるユニットシステムを参考に、「何時でも！何処でも！誰でも！何度でも！」をコンセプトに、木材（90mm×45mm）とビスだけで簡単に作れる「ウッドブロック工法」を開発した。

　「どんぐりハウス」は最初に応急仮設住宅とするために、災害対策法で決めれている家族4人が住める規模で仮設木造建築システムとして設計した。

　被災地の支援先がなかなか見つからず、大学のOB/OGを通じて情報を集めた。同じセンター内で活動していた「ソーラーカープロジェクト」のメンバーから親戚の故郷で公民館が流され困っているという

情報を得て、地区を紹介してもらい、早速、現地調査を行い、地元と協議して建設場所を決定して「泊区仮設公民館」が実現することになった。

　応急住宅チームは、ビーチハウスの経験を活かして、設計と施工のチームを編成して準備を始めた。大学からの予算も決まり、さらに企業・団体に対して学生自らも資金集めに奔走して実施が始まった。

　制作加工に約2週間、現地の施工に2週間かかった。1棟目は岩手県大船渡市三陸町越喜来泊地区の公民館に決まり、5月7日に完成した。2棟目は宮城県石巻市北上町相原・小指地区の集会場として6月25日に完成している。

　その後、2つの施設をベースキャンプとして、毎年、学生たちが月1回のペースで訪れ、住民に寄り添う支援活動を続けた。

　ビーチハウスを経験した研究室の学生や院生は、在学中は勿論のこと、卒業後も機会あるごとに被災地を訪れ、親交を深めている。2棟は、恒久施設として解体移設され、泊地区は「結っ小屋」、相原・小指地区は「十二面観音堂」として活用されている。

ウッドブロック工法の開発と制作の風景

どんぐりハウスの外観

どんぐりハウスの内観

制作風景

泊区仮設公民館完成記念写真

相原・小指地区仮設集会場建設

プロジェクトの授賞式

# 9.　ローカルマテリアルの学び

　研究室では、2004年の設立当初に、神奈川県西部の森林再生と木材関連産業の活性化の地域研究に取り組み、ローカルマテリアルとして「木材」と「竹」の2つの材料に注目した。そして利活用に関する歴史的背景や現代社会における活用の意義について学んできた。

　県西部の拠点都市である小田原市は「木のまち」として、地域の森林資源を背景に、木なりわいが発展し、市内には歴史的な木造建築が残されいる。

　この地域は竹材も豊富で、竹尺は全国の7割を生産していた。ところが竹林は放置され環境問題も起こしているので、その利活用も急務であり、様々に試みてきた。

　このように森林資源の川上・川中・川下の流れがコンパクトに集積した地域で、その歴史と文化が、現代まで継承されているので、絶好の研究フィールドであった。

　そこで、小田原市に「小田原ウッドデザイン研究所構想」を提案した。それを受けて市では、産官学民の協働による「地域材活用」や「伝統木造建築の調査」などの研究会が設置され、本格的な調査研究が始まった。

　市内とその周辺地域で、川上は森林成育・樹種分布・虫害被害等のデータ収集。川中は、製材加工能力・流通ルートを把握。川下では、寄木・漆器の木工技術、木造建築の職人技術の内容を明らかにしてきた。木なりわいの現状を確認できるようになり、問題解決に向けて様々な施策が立案され、実行に向けて木づかいの機運を高めることができた。

特に、市内の木なりわいの若手と研究生とで「相州・よせぎの会」を設立した。そして地域材の課題を克服するために、様々な社会実験プロジェクトを実施してきた。研究生たちは実際の現場で、直接体験しながら学ぶことができた。

　こうした経験から2007年からの「平塚ビーチハウスプロジェクト」や2010年からの「どんぐりハウスプロジェクト」を実施するなど、様々な木造建築のプロジェクトに繋げることができた。

　そして、奈良県の奈良の木ブランド課が、2015年に開講した「奈良の木大学」に参加して、夏休みに3泊4日の日程で林業地の吉野地域や奈良の古建築の研修をすることによって本格的な木なりわいの学びを深めることができた。

　日本のローカルのまちは、豊富な森林資源が環境・経済・社会を支えてきた。しかし、社会の木材利用が減少するようになり、森林管理が充分にできなくなり、自然災害の原因を引き起こすなど、社会問題化してきた。

　現代の技術と研究成果を充分に反映してもう一度、ローカルのまちの未利用資源となっているローカルマテリアルを見直すべきであることに気づくことができた。

　地域社会の安心・安全は、地域を環境の視点から見直すことによって確保できる。災害が多発していることから「レジリエンス」という考え方が生まれ、今の社会資本を再構築することが重要になっている。次の章ではこの「レジリエンス」について、詳しく紹介する。

Chapter

# 5

レジリエンス

- 災害復興への支援活動 -

# I. レジリエンスの取り組み

　東日本大震災以降に「レジリエンス」という言葉が注目されている。日本は大きな自然災害が多発する国なので、これまでも災害に強く、安心・安全なまちづくりを推進してきた。しかしそれはどちらかと言えば、建築・土木分野のハードの対応が中心であり、柔軟なソフトとハードが一体となった社会全体の強靱性を高めるレジリエンスの仕組みや体制づくりは、まだ充分に行われてこなかった。

　研究室の設立当初に、災害復興の課題を克服するために、仮設木造建築の研究に取り組んできた。2006年には学内に実証実験プロジェクトである「平塚ビーチハウスプロジェクト」を立ち上げ、学内外の専門家の知見を集めて大学の授業の設計課題として実施してきた。

　そして、大学の広範な領域の学生たちを巻き込んで、4年間にわたり平塚海岸の砂浜を使って経験を蓄積してきた。この活動は、平時から災害復興の支援のために、ソフトとハードの両面から実施体制の構築を目指してきたプロジェクトであった。

　そして、2011年3月11日の東日本大震災発生によって本番に着手することになった。それまでの経験を活かし、早期に学内に「3・11生活復興支援プロジェクト」を設立させることができた。成果については活動記録をまとめた大学の出版会から発刊されている『被災地の共に歩む』や『どんぐりハウス』（共に東海大学出版会）で公開し、詳しく報告してきた。

## 2.　レジリエンスとは

　『レジリエンス（resilience）』とは、辞書によると「一般的に『復元力、回復力、弾力』などと訳される言葉である。近年は、特に「困難な状況にもかかわらず、しなやかに適応して生き延びる力」という心理学的な意味で使われるケースが増えている。さらにレジリエンスの概念は、個人から企業や行政などの組織・システムにいたるまで、社会のあらゆるレベルにおいて備えておくべきリスク対応能力・危機管理能力としても注目を集めている。』（人事労務用語辞典）と書かれている。

　現代社会の中でレジリエンスは、社会にとっても、私たち個人としても、新たに考えておかなければいけない重要な課題の1つになっている。
　めったに起こらない自然災害に準備することは、意義を見出すことが難しいのだが、これだけ地球上で自然災害が頻繁に起きていると、どこにいても災害から逃れられないのは明らかである。
　従って、地球上の環境問題が我々一人ひとりの課題であり、さらに自然災害への対処も、自分ごととして捉え、自分の中にあらかじめ準備しておかなければならない。レジリエンスとは、災害を「我がこと化」することを意味しているのではないだろうか。

# 3. 安心・安全なまちづくり

　安心・安全なまちづくりを実現させるためには、日常から災害の可能性を予測し準備することが必要になる。近年の自然災害は予想に反する事例が多くみられ、どの様にハード整備を準備しても、その役割が果たせていないことがある。公共の限られた予算で完璧にするのは難しい。従って可能な限り様々なシミュレーション技術を駆使し、地域ごとにリスクマネジメントすることを明らかにし、限界を把握した上で、柔軟に回避する方策を組み込むことが重要になってきているので、市民も災害対応を自ら準備することが大事になる。

　復興まちづくりでは、その地域が過去に経験した事象を活かした回避プログラムをつくり、次世代にしっかりと伝えることが重要である。

　地方の集落には、昔から高台に神社などが設置されているが、避難場所としていることが多く、地域住民によって草刈りなどの協働作業で参道整備を行っている。集落全員参加することのよって避難経路を伝えてきている。

　収穫の秋に川辺で大鍋の炊き出しをする芋煮会などが開催されるが、これも収穫の喜びと共に、災害時の炊き出しを想定した訓練の意味も込められていた。

　東北大震災の被災地で、今回の災害を未然に回避した吉浜地区を訪れると、昔の津波被害から集落を高台に移転させ、低地は農地として活用し、その境界には「この石碑から下には住むな！」との石碑が設置され伝えられてきた。

　このように、日常から非常時の避難路の確保、炊き出しの準備、危
機管理の記憶の伝承など、安心・安全のためのノウハウをコミュニティ
の中で再確認する機会をつくりだしていることが分かった。

　地域の伝統的な祭事は、形骸化している姿をよく目にするが、実は
こうした祭事には、先人の安心・安全を守る知恵が含まれていること
も多く、コミュニティ内に引き継がれている。日常の中に、非日常を
取り込んでおく先人の知恵はすばらしく、自分の住んでいるまちを再
認識することが大切である。

　災害時の支援は、自助（7割）・共助（2割）・公助（1割）の順番で
来ると言われている。東北地方に伝えられている「津波てんでんこ」
は、一人ひとりが個別に避難することによって、全体の安全を確保す
る考え方を示している。まずは「自助」によって自分の命の安全を確
保するのが最優先になり、その次が、「共助」で、離れている家族より、
隣人に救いの手を差し伸べる。それは離れた家族の近くにいる隣人が
助けることに繋がる。最後に来るのが「公助」になる。どれだけ事前
に準備したとしても、災害規模の違いによって、救助や支援には時間
が掛ってしまう。

　予め暮らしている地域に、こうした
コミュニティの基盤を準備し、レジリ
エンスを取り入れた安心・安全なまち
づくりを構築しておく必要がある。

大津波資料館潮目

## 4．復興ステーション

　復興まちづくりでは、復興に関わる地域のあらゆる情報を進行状況

に合わせて発信し、被災地の住民に伝えることと、さらに地域外にも、その内容を知らせる必要があり、早期にSNS等によって被災情報ページをアップすることも大切であった。

　東日本大震災でも早期にFACEBOOKで「復興ステーション」のページを立ち上げる試みを行った。このページには、不定期だが被災地の重要な情報を選択して掲載している。ページは最初から完璧なものではないが、模索を重ねながら運営している。信頼性が上がるにつれて、多様な意見や情報が集まり、ネットワークの交流によって情報の充実を図ることができた。一人ひとりの個人情報の提供や意見の交換など、多様な情報の交流の場が構築できた。

　更に、大学では学内のイベントや学外の平塚市での東北物産展などでアピールし、このページの存在を広く告知する活動を継続させて認知度を上げてきた。被災地外でもネットを使えば誰でもボランティアで支援ができるので、被災地の状況に沿った様々な情報サポートを立ち上げることが重要になる。現在も継続しているが、その後、国内では多方面で災害が発生しているので、多様な情報を扱ってきており、2020年から始まったコロナウィルス感染の情報も一部発信してきた。

シンボル写真

復興ステーション
ロゴマーク

## 5. 災害との共存

　近年は、1995年阪神淡路大震災、2004年新潟県中越地震、2011年東日本大震災、2016年熊本地震、その他にも台風襲来による豪雨災害など数多くの自然災害に遭遇してきた。さらにこの本の編集作業中の2020年には世界的なコロナウィルス感染が発生した。

　このように社会に大きく影響を及ぼす災害も日常化していると言える。特に日本は地勢と気候条件から、自然災害が多発する国であり、これまでの長い歴史の中でも災害の記憶が残され、災害と共存してきた歴史がある。その中でも東日本大震災は自然災害では最大規模で、地震による津波や放射能汚染の被害が甚大なので、被害の長期化・拡大化など、数多くの複雑な問題を社会に投げかけてきた。

　復興支援の在り方も、近年の多くの自然災害の経験から市民の意識も変化して、災害時の復興支援へのボランティア活動も盛んになってきている。さらに被災地の時間経過とともに、刻々と変化する復興状況を把握しながら、被災地に寄り添い、復興ニーズを細かく捉え、丁寧に支援活動を継続することが重要になってきている。

## 6. 災害復興をローカルから考える

　復興支援のあり方を考えると、災害復興は公共主導で行われる。ところが小さなコミュニティには手厚い支援は届きにくかった。

　従って住民自ら立ち上がり、自らまちを再興するビジョンが必要になる。大学とUDMとで取り組んできた事例を次項から紹介する。

# 復興まちづくりの事例

## Ｉ．3.11生活復興支援プロジェクト

　本プロジェクトは、東海大学が被災地の生活復興のために学生と教員が中心となり、学内の幅広いネットワークを生かした支援を目的に掲げ、3月の準備期間を経て、4月から本格的に活動を開始した。

　被災地の被害の深刻さも伝わってきた。当初は人命救助と被災者の生命維持の活動が中心に行われるが、その後は生活再建のための市民ボランティアなど、多種多様な支援活動が求められた。

　本プロジェクトでは、被災地の一刻も早い生活復興に向けて大学ができることは何かを考え、学生と共に実践活動を実施してきた。

　東海大学は全国にキャンパスを展開しており、学内外には多彩な人材とネットワークが整っている。この多様なリソースを連携させ、本学だからこそできるUSR（大学の社会的責任）の復興支援を目指した。

　被災地では当初、土木と建築を融合させて整備する手法など新たな発想も試みられたが、現場では縦割りの弊害と業界間のせめぎ合いで、従来の土木が優先で、建築が追従する復興計画となってしまった。

　そこで、従来のように「被災地の環境を元に戻す」のでなく、災害の規模が甚大なので、新たな発想で、地域価値を創出して、持続可能な復興まちづくりをするために「創造的復興」を目標に取り組んできた。

　私たちは、その中から「持続可能な復興支援とは何か」を考え、ビーチハウスプロジェクトで培っていた経験を活かし、さらに各方面の支援を得ながらソフト・ハードを組み合わせた支援活動を組み立てていった。

　まず、プロジェクト全体の司令塔となる「プロデュースチーム」を立ち上げ、各所との調整を行いながら「応急住宅チーム」「ライフメディアチーム」「コミュニティケアチーム」の3つのチームを編成し、おお

むね10年が必要になると言われている支援期間を活動内容に合わせて4期に分けた。

　第1期は緊急・援助期で、専門性がないので対応は難しく、準備段階とした。第2期は復旧準備期、第3期は復旧期で、この2つの時期を対象にして活動を目指した。第4期は復興期で本格的なまちづくりが進められる。

　支援先は2か所。最初は岩手県大船渡市三陸町越喜来泊地区、2つ目が宮城県石巻市相原・小指地区で活動した。約10年が経過したが、2つの拠点での活動は継続され、地域が自立して持続可能になるまちづくりを手伝ってきた。

どんぐりハウス展示＠新宿御苑

どんぐりハウスユニット制作

## 2. 泊区復興まちづくり

### ■泊区の被災状況

　大船渡三陸町越喜来泊地区は、最初に支援に入った地区で、「どんぐりハウス」で仮設泊区公民館を建設した時に出会った。人口は数百人の小さな漁村集落であった。震災時には高さ24mもの津波に襲われ、漁港からまちの中心部までが流され、地区の中心にあった泊区公民館が一緒に流されていた。

### ■泊区への復興支援活動の概要

　一方、大学では支援活動を立ち上げ、東海大学チャレンジセンター内に設置された特別企画プロジェクト「3.11生活復興支援プロジェクト」のチームメンバーが準備を開始した。「どんぐりハウス」の開発も進み、同時に応急住宅の支援先を大学関係から被災地の各県市町村のボランティアセンターを通じて建設場所を探した。しかし被災地は混乱の真っただ中で決まらず、そこに大学同窓会から情報が入り、泊地区を紹介された。早速、現地調査を実施、支援方法や支援内容を確認して選定した。

　そして、被災2か月後の5月7日に泊地区に仮設公民館が完成した。その後、地元住民との交流会の際に地区の復興支援の手伝を依頼された。そこで、プロジェクトチームは、私が理事長をしていたまちづくり専門家集団「NPOアーバンデザイン研究体」に参加を要請して、5月28日・29日に「UDセッション」を開催した。この時に被災地の現状や住民ヒアリング調査で災害状況を把握できた。

### ■復興まちづくりの知恵袋

　UDMは既に復興まちづくりの研究を開始しおり具体的な研究対象を探していた。現地視察の機会をつくり、住民との交流を深め一緒に活動することが決まり、毎月訪問して、「泊区復興まちづくり委員会」を住民と東海大学とUDMの3者で設立させて、2011年度の夏から年度末まで5回開催した。その成果はUDMから2012年3月に冊子「復興まちづくりの知恵袋」としてまとめて出版。翌月から東北各地の公的機

関に配布した。

■復興のまちづくりの活動

　復興まちづくりは、我々の通常の活動と同様で、その地域の状況を丁寧に把握し、被災した住民と一緒に将来像を創りだすことだ。難しいのは被災した経験が住民に重くのしかかっていること、その精神的負担を把握した上で、住民に「寄り添って」急がずに対話を重ねた。ある程度の信頼関係を構築しなければ、前向きな議論には進めない。こうした一連の活動を一緒に体験して、学生たち若い人たちは実践的に学ぶ機会となった。

　当然、3.11の学生たちも独自に活動を行った。コミュニティケアチームは、高齢者支援や公民館前のバス停や花壇づくりといった環境整備を行い、ライフメディアチームは活動情報の発信、広報メディアの対応、そして被災地の子供たちの記録映画の作成などに取り組んだ。

復興まちづくりの知恵袋 発行一覧
2012・2013・2015・2016

## 3. 復興まちづくりへの提案

　「泊区復興まちづくり協議会」で私たちが提案したのは「共創による復興まちづくり」である。そして「災害復興から生活共創復興へ」の方向性を確認した。

　毎月、住民の皆さんと勉強会を繰り返し、終了後は仮設住宅の被災家族と被災していない住民家族と一緒に心のケアを配慮しながら、学生が企画する楽しい交流会を毎回企画して、住民との親睦と交流を図った。

　勉強会と住民集会を繰り返すことによって、地区住民が主体となった未来の復興ビジョンづくりを進めることができた。

泊漁港津波到来時

被災後の泊漁港

■**復興まちづくりの目標**
「誇りある、幸福度の高い地域づくり」が目標になった。被災地は元に戻すことが難しい。新たなまちづくりをせざる負えない。従って、既存の市街地を再編しなければならない。住民の合意形成を図ることは難しく時間がかかった。仮設住宅地は現地より遠く、勉強会には参加できない住民も多く、逆に避難住宅の集会所で開催することが多かった。しかし住民の総意は、地域の価値を創造し、次世代に引き継げるまちにすることが概ね合意された。

　この考え方は、市街地拡大を最少限に留めた上で新たな高台移転地の適地を選定して、新たなまちの姿を再編することであり、できる限り故郷の自然を壊さず、地区住民のすべてが1つの集落としての繋がり、海と山の繋がりを活かして、暮らしぶり（ライフスタイル）を豊かにできるまちを再興することが目標となった。

■**課題認識の整理**
　泊区全部の住民に対して学生とUDMメンバーがチームを組んでヒアリング調査を実施した結果、課題内容の把握ができた。

①**暮らし・営みの断絶をどうつなぐか！**
　歴史や記憶、風景や暮らし様等々、災害の記憶を含めて残し伝えるべきものを整理し、断絶をつなぐ手立てを考える必要がある。

②**みんなが戻り暮らせるまちにするために何をするか！**
　散逸した避難生活の方々が戻り暮らせるように、住まいの確保や漁業の再興、憩い集える場づくり、災害の記憶・教訓を生かした安全なまちづくりなどが必要になる。

③**子や孫につなぐためにはどうするのか持続可能なまちづくり！**
　震災前の課題の人口減少・高齢化・若者の流出などに対処し、人々が訪れたい、住みたいと思えるまちを如何につくるか。
　こうした課題を一緒に整理することから復興ビジョンの合意形成を図った。

## ■復興に向けた3つの重点事業

　復興ビジョンの実現のために3つの重点事業を決定し、取り組む順番を整理した。そのために私たちの支援活動も段階を追って準備をすることができた。

①高台移転地の整備と住宅建設
②地区の拠点形成ー本設公民館の建設
③被災跡地の利用


## ■復興まちづくりの目標

　復興まちづくりは3つのエリアと1つの交流拠点エリアで構成して計画された。


## ＜計画のポイント＞

　エリアの整備方針を明確にするために、同時に海と山の2つのエリアを結ぶ歩行者ネットワークを津波到達点にあった既存の道と水路を再生して整備する。


## ①海・港エリア

　漁業の再生、観光資源化して域外との交流の場となる漁港を再生する。


## ②被災跡地エリア

　山側と海側を繋げ、かつての地区の中心地に、新たな交流施設「結っ小屋（旧仮設公民館移設）」を設け、歩行者ネットワークの「結の道」で両地域を結び付け、桜並木、花、バンブーアート、そば栽培、椿の育成など、低地利用を促進するワークショップを実施する。


## ③高台移転エリア

　新たな生活拠点「結の丘」を整備する。

### ④地区の拠点エリア

　新たな高台の土地を確保して、本設公民館の建設した。上記の3エリアからは少し離れた場所に位置しているが、その他の地区住民との接点になるように融合を図った。

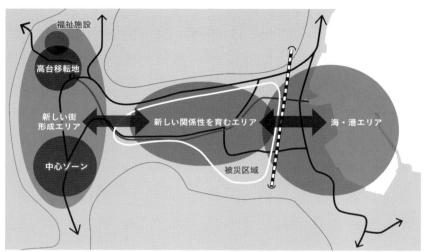

泊区復興まちづくりゾーニング図

### 新しい街形成エリア⇒泊の中心的な街の形成

1. 高台移転地：復興の象徴住宅＋福祉関連施設
2. 中心ゾーン

＜復興・地域活動の拠点＞

　・本設公民館、コミュニティカフェ
　・集落食堂等生業、ゲストハウス等
　・移動交通（共有電気自動車、電気バイク等）

＜防災活動の拠点＞

　・屯所、避難場所（避難生活）、備蓄倉庫等

**新しい関係性を育むエリア（低地の被災区域）⇒海と高台をつなぎ新たな関係性をつくる**

・公園、レクリエーションなど集まれる場所、泊川の親水化等健康
　散策（避難路、森等の活用）
・農作物の生産・加工、水産物の加工等地域ブランド開発・生産⇔
　コミュニティカフェと連携
・地域のエネルギー：マイクロ水力発電、太陽光 発電等
・昔の暮らしや災害の記憶を継承するエリア（街区、宅地形状、石垣、
　地蔵尊等の保全）


**海・港エリア⇒漁業＋交流・観光資源化**

・漁業、水産加工等
・釣り、漁業体験・見学周遊等



## 4. 東日本大震災復興住宅モデル

　復興に向けて、東北の木材と住宅様式を反映した木造による復興住宅モデルと建設の仕組み、そしてまちづくりの景観創出することを提案した。下記がその案の考え方である。

### ■森林資源の有効活用
　東北の豊富な森林資源を活用して地域林業の活性化を図った。

### ■地域密着の家づくり
　気仙大工の匠の技を活かし、南部曲り屋の特徴を活かしたモデル提案した。

### ■地域独自のライフスタイルを活かす
　半農半漁の地域独自のライフスタイルの実現を目指してきた。

### ■適正価格のワンパッケージの住宅システム

　円滑な復興の必要性から、適正コスト住宅モデルを提案した。また、ソーラーパネルなどを設置することで環境にやさしいエコ住宅の実現を目指した。

### ■地域独自の外観や空間構成を取り入れ

　地域独自の歴史文化を活かした復興住宅の木造建築モデルを提案することができた。

### ■規格化と多様性を実現

　家族構成や経済状況の違いによって発生する様々なニーズに応えるため、同一システムから様々な規模やプランを選択できるようにした。多様なモデルタイプによって統一感の中に家族ごとの個性を生み出すことを可能にしている。

住宅全景

復興住宅モデル

## 5.「泊区公民館」整備

「泊区公民館」の再建の検討は、高台移転地の目途が立ったので、検討が始まった。仮設公民館の建物は解体し、後に他の敷地に移築して再利用するため、学生の手で解体された。一方、新たな公民館の建設は、区の資金と市の支援金1千万円を加えて計画が進んだ。しかし、計画する建物の規模を建設することはできなかった。そこで、3・11のどんぐりハウスチームが設計を担当し、研究室が繋がりを持つ奈良県の集成材メーカーに協力を仰ぎ、構造材を寄付してもらい。学生や大工さんのボランティアで不足分を補って何とか実現できた。

泊区公民館の完成式 2014年7月

## 6.「結の丘」泊地区高台移転計画 大船渡市三陸町越喜来泊地区

高台移転地は、いくつかの候補地を比較検討し、現在の位置に敷地が決まりスタートした。協議会の勉強会の成果を活かして、被災住民とワークショップを実施した。敷地は現地の段上の敷地と道路を活か

し、地形に沿って宅地割りして、アプローチの道路は既存を拡幅し、宅地内には回遊道路を入れ、敷地の高さを2段で造成し、家並みを調整して、日照、通風、景観を確保、まちづくり規範をまとめて各戸の住宅のプランを一緒に基本設計までまとめて、一体的なまちづくりプランをまとめた。私たちの試算では宅地造成はコストが安く、早期に整備ができる計画であった。

一方、市側の東京のコンサルタントが作成したものは、主要道路が急傾斜に沿って配置され、宅地割りを均等にする案で、西側の山が迫っており日射に問題があり、急傾斜の道は高齢者や弱者にとって危険なものだった。

高台移転地は、土木が優先する宅地造成案でなく、これから暮らしを再興する場であり、将来の孫子の代まで持続するトータルなまちの姿を求めていた。

両方の案の模型とCGを作成して地区住民の浜見の会の会場に展示して皆さんの意見とアンケートをとった。結果は住民案に決まり、その後、市側から住民の合意形成した意見を求められたのでこの2つの資料を示して高台移転の住民の意見を伝えてきた。

合意された高台移転地の計画の内容は次の4つを重点に計画した。
① **地形を活かした土地**
② **石積を活かした美しい景観形成**
③ **シンボルツリーの設置**
④ **シークエンス景観が楽しめる道路計画**
市と協議した結果、私たちの案をベースに検討が行われた。事前の住民相互の合意形成が進んでいたので、早期に最終案を決定することができた。

その後、事業が完成した震災復興5年目にNHK特集が組まれ、東北3県の災害復興住宅地の調査で、当高台移転地が被災地の中では一番早く完成し、コストも低く抑えられて、景観も統一感があり、質の高い住宅地計画であると高く評価できると報告された。同時に、当時の政権の蓮舫議員をはじめとする国会議員の視察団が来訪した。完成後は、この住宅地の名称を住民との協議で「結の丘」と名付けた。

市の提案

UDM・東海大・芝浦工大提案

泊坂

「結の丘」大船渡市越喜来泊地区高台移転住宅地整備

## 7. 津波被災地の活動

　津波被災地は、かつては稲作をしていた田んぼや集落があった場所で、まちの中心であった。震災後は周辺の集落に住んでいるので、空地として残されている。宅地は市に買い上げられて、土地所有がバラバラになり、復興工事の際には残土処分などの土地利用がされてきたが、整備が終わると雑草の管理だけを市から住民が委託されて管理している。この土地の利用価値を探すために、最初に川沿いに川津桜の苗を植え、桜並木という将来の集落の景観づくりを行った。さらに空地の活用実験として住民と学生とUDMで、アートイベント、そば畑、花畑などの活動を行ってきた。

竹のモニュメントとウッドチップ広場

### ■「結っ小屋」整備

　「結っ小屋」は、本設公民館が仮設公民館のどんぐりハウスを解体撤去して、津波の高さの傾斜地の場所に防潮堤越しに海が見える場所に

地区の復興拠点「結っ小屋」として移設した。この活動拠点で津波被災地区へのまちづくりの議論を行ってきた。

結っ小屋

結っ小屋 完成式

### ■「結の道」整備

　津波の到達ラインの位置にかつて使われていた散策路が残されていた。しかし、荒れ果てていた。そこで、海側と高台移転した内陸部の集落を結び付ける「結の道」を整備した。この道は津波の記憶を日常化して後世に伝えてゆく役割を担い、海側と山側に分かれ

結の道 完成式

てしまった集落を結び付けてくれる。市の作成した復興計画でも住民が整備した道として位置づけられた。

## 8. 持続可能な地域づくりに向けて

　持続可能な地域づくりに向けて様々なプロジェクトを推進してきた。最後に、残されている津波被災跡地の活用が泊地区にとって中心的課題となった。さらに越喜来湾を囲む広域連携地域も一体的にまちづくりを模索しなければ、本当のまちの復興は叶わない。今後は持続可能なローカルのまちづくりの推進が求められた。

## ■被災地の創造的再生

　津波被災跡地において、結の道の整備や花プロジェクトなどの環境整備が進み、懐かしい風景をよみがえらせるとともに、もてなし・なりわいを創出し、泊ブランド化につなげながら、泊新創造発信エリアの形成を目指した。

## ■泊エリアマネジメントの構築

　もてなし・なりわいづくりを軸にしながら、大学や専門家等との外部ネットワークとの協働体からなる自主的地域経営、運営のための事業化・組織化を図った。結の仕組みの発展的な展開として、地域の困りごとなど状況の変化にも柔軟に、かつしなやかに対処できる独自の仕組みと関係性を築いてきた。

## ■広域連携の復興プロジェクトの推進

　泊エリアマネジメントと効果的に連携する越喜来地区のまちづくり体制を整えながら、越喜来地域における観光ネットワーク化や復興イベントの開催、さらには越喜来ブランドなどに向けて共同事業を進め、相乗的にローカルの魅力と価値を高めて行く広域連携復興を目指してきた。

## ■レジリエンスで持続可能な地域づくりを

　被災地での生活復興支援は、10年のロードマップを作成して展開してきた。もうすぐ目標年度が近づいている。しかし復興の歩みは遅く、同時に復興の疲弊も表れている。すでに新たな日常が築かれているが、持続可能な地域づくりをめざすためにもう一度レジリエンスの視点からローカルのまちを見直し、新たなローカルデザインの可能性を創出していかなければならない。

# 7. レジリエンスの学び

　我が国は自然災害が多発する。従って国土のレジリエンス（強靭化）は命題である。私たち建築に関わる者にとって、そうした災害に強いハードをどのように実現させるのか、建築の研究でよく理解しているのだが、予測不可能な自然災害には、予め準備してきたことが役に立たないことを思い知らされる事例が多くなってきた。

　しかし、東日本大震災で被災地の活動を通じて、地元住民の「住民力」や「コミュニティ力」など、頼もしさを目の当たりにしてきた。たとえ小さな集落であっても、災害に対して自律的に対応する「団結力」によって、コミュニティを守る姿は、素晴らしく、学生と一緒に感動を覚えた。

　直接、活動に参加した学生もそうした考えは共有できたと思っている。「自然」を「人間力」で制御するために、どこまでもハードを強固にしたとしても限界がある。本当の意味でのレジリエンスは、災害を柔軟にかわすソフトの「人間力」の方が重要であることが学べた。

　災害において、私たちが自覚しておかなければいけないことは、災害への対応は「自助」「共助」「公助」の順であることだ。日常からしっかりと認識して災害への備えをしておくべきである。

　ローカルにおける「歳時記」や「まつり」にはそうした日常的な備えのノウハウが込められていることもあるのだが、形骸化している状況も見られる。こうしたコミュニティ内のイベントを再評価し、現代の姿で蘇らせることも大切になことである。

　レジリエンスはソフトとハードの両面から構築すべきである。そし

てこの経験を人間力として蓄え、次なる災害に立ち向かうことに役立てる。さらに、その経験を次世代に伝える工夫が大事だと考えている。

最後に、これからは、地震学・土木学・建築学・医学・福祉学・社会学・経済学・文化人類学等の学問分野を集結させて、総合的な「災害学」を構築するべきであり、研究機関である大学がその役割を担うべきであると考える。

被災地の住民の皆さんの「コミュニティ力」や「地域力」は協議会の中でも発揮されたが、毎回夜に開催される林区長宅での交流会では、有志の住民・学生・UDMメンバー・ゲスト等、多様な世代が一同に集って、さまざまな話題で話し合われた。学生からの人生相談も飛び出すなど、世代を超えて自由な雰囲気の中で展開していった。相互の信頼関係が深まり、人と人が結ばれ、つながる場となり、相互に「共助」し合う関係が構築できて、ワンチームになれたのが原動力になったと考えている。

次の章では私の研究室に所属した研究生たちの挑戦したプロジェクトについてする紹介。

交流会＠林区長邸

Chapter

# 6

ローカルデザインプロジェクト

- 研究生たちの挑戦 -

# 1. 卒業研究・修士研究の取り組み

　建築学科の学生は、最終年度、研究生になると全員が所属し、教員から直接指導を受け、自らの研究まとめている。私は、4年制の大学を卒業する意義と卒業研究や修士研究の役割について、毎年、研究生に話をしてきた。

　学部は4年制で、最終の1年間、そして修士課程はさらに2年間の研究期間がある。学生は、それまで学んできたものをベースに、集大成として自らの建築作品をまとめる機会となる。この一連の工程を、自己管理しながらプロジェクトとして実現させる力を養うことが、建築設計の能力を養うことに繋がり、建築家の視点を学ぶこととなった。

　修士課程に進学すると、さらに2年の研究期間を得ることになり、卒業研究のテーマを深化させるか、新たな研究テーマを探すことになる。将来、建築家として社会で活躍するために、建築に対するオリジナルな問題意識を持つ必要がある。修士課程ではその独自な課題を発見することが成果のひとつである。そして博士課程の3年間の研究期間では、独自の建築設計の分野のオリジナルな理論を確立することが求められる。


# 2. 卒業・修士の研究は「一人旅」である

　卒業研究と修士の卒業研究を理解しやすくするために、学生には「旅」に例えて、3段階で説明している。

　最初は、旅の目的で、何を得たいのかが重要になる。次に、どのように旅をするか、方法論や日程と場所を定めてプログラム化することになる。

　そして本番では、プログラムに沿って旅を実施する。しかし、思いもよらない偶然の出会いや出来事に出会うことによって、新たな発見が得られ、これが旅の魅力になる。すべてが予定調和に終わってしまうと不満がたまってしまう。

　最後に、旅の総体を振り返り、成果を思い出しながら体験の内容を再確認して評価できる。この4段階の全工程をえることによって旅の満足度が決まる。

　私は、多くの人々が、昔から旅をしてきた意義は、この3段階が楽しめ、生活を充実させることができるからであると考えている。

　それが世界的に拡大したのが大航海時代である。そしてグローバル社会の進展で情報交流が盛んになり再び旅が注目されてきた。外に向けて交流機会を拡大することで、新たに多くの知識や技術を得ることができ、知れば知るほど加速される。好奇心が刺激されて追及は止むことがなかった。

　そこにマイナス効果の社会現象が発生した。それがいま全世界に蔓延しているパンデミックスである。人々の活動が制限され、人的交流が失われ、社会活動を変質させてきた。これからの社会は、ウィズコロナ、ポストコロナの時代を迎えるので、新たな手段や方法を模索する状況になっている。

　旅には「一人旅」と「グループ旅」がある。卒業・修士研究は一人旅である。

　自分と向き合いながら、社会をリサーチして自身の研究テーマを決

める。そして課題を分析して解決方法を探し出してプログラムにまとめる。さらに、それを空間化して建築提案に結びつける。最後にその内容をまとめてプレゼンテーションすることになる。こうした全工程をプロジェクトマネジメントしながら、一人で実行できて初めて設計を完成することができる。

　教員は、研究する学生に寄り添い、彼らが求めているまだ見えない答えを探求させ、学生の創造力を引き出すと同時に、学生の未知数を伸ばし、新たな発見に導き、創造へと導けるかが試される。

　研究室に所属する研究生の数は、毎年、約12名前後である。一人ひとりを丁寧に指導するには時間がかかり、1日では終了できず、数日に及び、これが毎週続くことになる。しかし、そうした段階を経て、はじめて研究生たちは成長し、成果を出してくれる。彼らが建築家の道へのスタートを切る時でもあった。

　卒業後は、彼ら自身で建築家への道を切り拓いていることだろう。学びを活かして、社会で活躍してくれることを期待している。


# 3. ローカルデザインプロジェクトの成果


　研究生にとって研究室は「ローカルデザインスタジオ」であり、ローカルデザインを学ぶ「道場」のような存在である。「かた」を覚えるだけでなく、自ら建築家の卵として備えるべき資質を自ら拓く、クリエイティブな場になる。

　研究生自身が確信をもって習得できるまで、何度も練習が繰り返さ

れる。そうした経験の積み重ねによって、体験価値が育まれ、研究生は「建築を創造する」という夢を自ら萌芽させることができる。

その成果が、この章で紹介する研究生たちのプロジェクトである。研究室は「Do Tank」が基本なので、実社会の体験が少ない研究生が自ら課題を発見し、解決策を導けるように、常に現場主義を重んじているので、その経験から習得してくれることを期待してきた。

建築は学問としては「実学」に位置づけられてきた。建築という3次元の空間の実態を創造する行為は、頭だけで考えるのではなく「身体で考える」ことが大切になる。社会の中で、実際に起きる出来事に向き合い、常に現場感覚で取り組む姿勢を育み、解決する能力を獲得してもらうためなのだ。

# 4.　建築家への道

建築の専門分野は、建築家・建築士・建築屋の職業があるが、どのような違いあるのだろうか。

一番わかりやすいのが「建築士」である。建物の設計は誰にでもできるが、建物を確認申請できる資格を持っているのが建築士である。

次が「建築屋」で、建物を実際につくる専門技術を習得した職人や施工技術者のことであり、彼らは工務店や建築会社に所属している。

一番説明が難しいのが「建築家」である。建築家は、社会の課題を捉えて将来を予測し、空間の思想を構築して、あるべき空間を創造する職能である。「建物」と言うハードだけでなく、それを実現する社

会的な思想によって、創造されるのが「建築」である。

　私が研究室で養成したいのは「建築士」ではなく「建築家」である。建築家の認定は、社会的には任意団体が承認しているだけであり、建築士のような資格試験で得るものではない。建築作品や建築に対する思想、そして社会的な活動などを総合的に評価して指名されている。

　これからの社会は、こうした建築家の資質をもった専門家が必要になり、社会に出て多様な職種に就いたとしても、必ず習得してほしい資質なのだ。

　建築学科の研究室は、そうした建築家としての資質をみんなに習得させ、社会で活躍してもらいたいからである。


# 5. 研究の取り組み方


　卒業・修士研究の取り組み方を簡単に紹介する。

## 1) 研究テーマの設定

　研究テーマを決めることが先決になるのでリサーチから始めることになる。社会の中から課題を探し出す方法が王道になる。研究生たちの見方は、どこか既知的で、独創性がないことが多い。

　研究には、個性が重要だと考えているので、他人とは異なる独自な視点で捉えられた課題でないと意味がないし、研究の継続性も失われてしまう。

　幾つかの方法があるが、まずオーソドックスな取り組み方は、地域

に入り込み、生活体験に近い経験から地域課題を探し出して、地域の具体的な問題解決を提案する方法である。あるいは生まれ育った出身地域やまち、家族の職業など、これまでの人生に深く関わってきた活動の場所から課題を選ぶ場合もある。

　研究生は、これまで20数年にわたり生きてきたので、人生の中で飽きずに長年取り組んできた興味のある出来事、あるいはクラブ活動、そして趣味としての取り組んできた、ダンス・音楽・武道・留学等のテーマから課題を抽出している。

　これによって意外と、自分自身の目が開かれ、新たな発想で自分自身を発見し、創造性が発揮される。研究テーマは多義にわたるが、具体的に課題を探すことによって研究のきっかけをつかんでいることが多かった。

　卒業研究と設計は長期間にわたり取り組む研究課題であり、継続性と探求性が求められる。いかに社会にとって意義のあることでも、興味がわかないと継続できないので成果に結びつかない。

　特に、修士研究まで至る3年間のテーマとなると、そのモチベーションを継続できる内容が必要になる。


## 2) プログラムの構築

　研究テーマが決まるとリサーチと分析に入る。リサーチは、ネットなどを駆使して膨大な資料を集めるのだが、1次データとしてはよくても、独自性がなく、やはり現場での取材やヒアリングなどから得た方がリアリティが高まる。従って、膨大な資料を無計画に集めても役に立たないことが多い。リサーチする時間は無駄ではないが、テーマに対して仮説を立ててから取り組む方が有意義だと指導している。

課題解決のためにどのような答えを出すべきなのか、それに必要なリサーチは何をすればよいのか予測や推測をさせ、リサーチで確認する。仮説は何度も崩れ、再度仮説をつくる、何度も繰り返すことによって、そこから独自の視点が見つけられるようになる。仮説が成り立てばプログラムの作成へ進むことになる。

### 3）1次元から3次元へ

プログラムができると建築として空間化する作業に移ることになる。建築が一番重要な変換作業である。プロの建築家でも、ここが勝負どころである。

それまで過去の建築家の思想や設計手法を学び、そこからオリジナルの手法を模索する作業になる。空間化の構築に向けて幾つもモデルをつくり、シミュレーションを繰り返す。オリジナルでない案は消してゆく。ここが一番大切で時間を掛けるところである。

建築とは「1次元の言葉を、2次元のプログラムに組み立て、3次元の空間に変換する行為」によって生まれてくるので、繰り返しの作業によって体得しなければならない。

学生にとっては一番苦しい時期である。新たな発想は、プログラムの積み重ねだけでは出てこないので、自身の感性を信じて「ジャンプ」するようにアイデアに挑戦することが求められる。

これがなかなかできないのである。ある程度、熟度が上がってくると新たに出てくる空間のアイデアが、逆にプログラムを発展させてくれる場合もあるのだ。

ここが空間創造の一番の醍醐味である。

## 4) プレゼンテーション

　建築は3次元なので、模型の制作が必要になる。最近ではCGによってシミュレーションできるので、こうした手段を駆使して、新たな建築が発想されている。

　しかし、個性的で、独自性のある建築も、他者に伝えられなければ社会性がなく建築としては認められない。従って、様々な手段を駆使して、自分の提案する建築と空間をプレゼンテーションとしてパネルと模型にまとめ、最後に発表してその趣旨を説明する。これができて初めてプロジェクトが完成する。

## 5) 評価

　建築は実態が表れることによって、誰でもが視覚的に捉えられるようになる。建築家がどのような意図をもって設計しても、その思想は直接意匠には表われず。実態の空間そのものを疑似体験することよってはじめて空間評価が出来るようになる。

　学生はどこか正解を求める傾向が強く、絶対評価を求めてくるのだが、それはあまり意味をなさないと考えている。建築にある空間そのものでしか、評価できないのである。そこには時代や技術が反映されているが、最終的な空間把握が出来るのは、空間体験しかないのだ。

　それぞれの空間体験が言葉化され、他者がどのように捉えているのか理解することによって、自分のところに返ってくる。建築は社会的な存在なので、そうした評価の総体が、その建築の存在意義を決めているはずである。建築家はそれを真摯に受け止め、次なる創造につなげ、終わりなき行為を引き続き追及することになる。

# 6. ローカルデザインプロジェクトの概観

　この章では、研究室の15年間の研究成果である卒業設計と修士設計の作品の総合リストに192人全員のタイトルが確認できる。それぞれローカルをテーマにしているので、ローカルが抱えている社会の問題や実態を捉え、そして解決策が示されており、多様性を確認することができる。

　提案内容は、必ずしも充分でないかもしれないが、それぞれのローカルに対して、まちづくりを見直すきっかけは与えられたと考えている。

　ここでは、学部生と修士生の代表的な24プロジェクトを取り上げている。それぞれ場所もテーマも異なるが、概ね9つの分野に整理できる。どのプロジェクトも新しい社会課題に対して意欲的に挑戦しており、新たなローカルデザインの手法を取り込みながら提案されている。

　主な傾向と概要を簡単に紹介する。

## ＜地域特性による活性化＞

「輪中モデルによる水彩都市」坂倉忠洋君

「かわのミチシルベ」熊崎雄大君

## ＜歴史遺産の活用＞

「GROOVE NET」信田健太君

「Dock風景の継承」倉富雅君

「五反田花街芸文館」向井万幾さん

「都市の聖地」伊藤秀峰君

## ＜国際交流＞

「House of Meeting and Issue」山縣諒太君

## ＜新たな社会問題＞

「個性に寄り添う建築」村上真緒さん

「日常は紙一重」中津川鞠江さん

「森の谷の浮島」稲葉理夏さん

「重なる暮らし。はぐくむ家」窪田帆南さん

## ＜復興まちづくり＞

「結の道」下田奈祐君

「記憶の100分間」住吉優弥君

## ＜木造建築＞

「静岡ウッドデザインセンター」石川雄斗君

「ウイルソン株の巣的空間モデルによる建築提案」宮本達弥君

## ＜地域産業による再生＞

「漁師のいるマチ」渡邉光太郎君

「都市の再起」瀬谷匠君

「現代に紡ぐ農の暮らし」山内昇君

## ＜地域特性を活かした都市再生＞

「まちをつなぐ丘の図書館」小松未依さん

「路地を抜けたら・・」金子知愛さん

## ＜空間モデル開発＞

「永遠の現在」森屋隆洋君

「瞬間が生み出す街の虚景」桜井寛君

「粗密景」坂本大紘君

「Space Jam Session」橋井慶君

どれもローカルの課題を捉えて提案された優秀な作品である。当時、プロジェクトの中で議論したことが鮮明に思い出される。

　これからも自身のテーマについては、社会に出てからも研究を継続させて独自の建築家の道を築くことを期待している。

　今回、これらの作品からローカルデザインスタジオの存在を改めて認識することができた。すでに社会で活躍している卒研生も建築家となって社会の中で作品を発表している人も出てきている。

　それぞれのフィールドは異なるものの、ローカルデザインの取り組みを継続させて、次の時代を実現してくれることを期待したい。

# 都市の聖地
## 銀座ビルを繋ぐ稲荷神社の継承

　現代の都市内に建設された多くの神社は、ビル群の高層化により、日本の伝統的な空間特性が失われているものが多い。そこで、本来備えていた神社の「奥性」や「聖域性」を感じさせる空間を現代都市の中に存在させ、次世代に繋ぐ必要がある。

　銀座にはおよそ20ヶ所の神社が存在している。多くの神社は小規模な敷地に押しやられている。江戸時代の銀座は、町人町として栄えてきた。まちづくりにあたっては稲荷信仰が中心になったと考えられ、20ヶ所の神社の内、14ヶ所が稲荷神社である。これらの神社は江戸の町割りの中に現在も受け継がれて点在している。大規模開発が進むとともに都市の中に埋もれて形骸化している。

　銀座の街は更新されてきたが、約400年前の町割りが変わらず現代まで残されてきた。この提案では、江戸の都市構造を継承し、銀座の街並の都市景観の経過と記憶を残し、既存ビルの空間性を残して新たな床を設けて商業空間を継承させる。さらにビルの隙間には、新たな床スラブを設け、構造の補強空間としてい一体化する。上層階の増設部分は、事務空間や屋外空間を積層させ、新たな銀座井の都市景観を創出する都市建築とする。

　歴史が積み重なる銀座の文化と稲荷神社を継承し、商業施設と神社が複合した都市建築とし、立体的な「奥性」や「聖域性」を挿入した現代の都市型神社を実現させる。

　銀座らしい複合ビルに、商売の神様である稲荷神社を複合させることのよって、地上から屋上まで連続した参道空間を挿入して繋ぎ、商業空間の壁を鳥居のように幾つも潜り抜けながら、屋上の本殿まで導いている。

　商業施設へのアプローチと神社への参道空間とを融合させて、銀座の神性を取り戻し、継承させる。

## Comment - 講評 -

　東京の商いの街である「銀座」は、江戸の町割りが残され、高層化し続けてきた。近年、さらに高度利用のために、超高層を避け、銀座ルール（56m ＋ 10m・工作物）の制度を設け、銀座らしい街並みの継承を図っている。このプロジェクトは、銀座の歴史遺産「稲荷神社」に注目して、街区更新の際に、どの様に残されてきたかを明らかにし、新たな神社のあり方を示しながら立体都市モデルを提案した作品である。

銀座の構造図

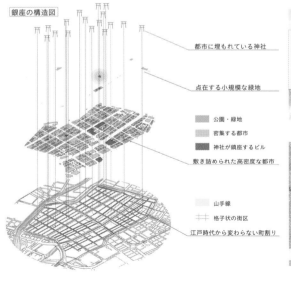

都市に埋もれている神社

点在する小規模な緑地

公園・緑地
密集する都市
神社が鎮座するビル
敷き詰められた高密度な都市

山手線
格子状の街区
江戸時代から変わらない町割り

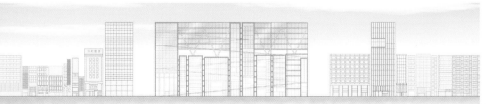

# 重なる暮らし はぐくむ家
## 産前産後・地域でケアする子育てシェアハウス

　出産後の母親の体は大仕事を果たし、ボロボロになり重症1カ月の状態である。しかし、赤ちゃんを24時間お世話してなくてはならず。高齢出産の増加によって、里帰り出産は、祖父母が高齢者になる為、サポートを受けたくても体力的に難しい。また、近年は核家族化が進み、地域との関係も希薄である。

　現在の産後ケアは病院や助産院、産後ケアセンターといった医療分野の人たちによるもので、1週間しか滞在できない。本来「産後ケア」は社会全体で取り組む問題である。

　月島は人口増加し、区人口の約1/3が住む。出生率が高く、サポートが必要な各家族世帯が多い。子供の施設も整っているが、高層の建物に設置されるものが多く、地域との関係性が薄い。昔からの長屋には中央に路地が通っている。

　そこは長屋に住む住人同士の交流が深い。
この提案では、「長屋」や「路地空間」の良さを利用した、産前・産後のシェアハウスをつくる。長屋の裏路地には、時代の変化により増築されている。その部分を減築することのよって、新たな裏路地を再生してコミュニティをつくる。

　減築して柱を残し、新たに階段を設け、室内をステップで繋ぎながら連想させる。相互の家はこの立体路地空間を介して、新たな長屋空間を再生する。各ステップには共有部分の水回りを置く。裏路地で繋がりが生まれ、子供の相談や預けるなどの関係が生まれる。
　長屋の空き家が点在しているので、産後のお母さんが一定の期間過ごす場所とする。地域に近い場所なので、近所の人が助産師や保健師の代わりをする産後ケアのコミュニティが生まれる。

## Concept

現在、少子高齢化や核家族化などの社会的問題により、産後助けてくれる親などがおらず、子育ての難しさに直面する母親が多くいる。

また自身の体も産後痛みや苦痛で大きな負担がかかる。

こうした産後の母親や赤ちゃんを地域でケア、サポートすることはできないだろうか。

そこで、敷地とする西中通り商店街の「長屋」で生まれる良さを利用した、産前からどんな人でも気軽に利用でき、地域人々との関係が作れる産前・産後のシェアハウスを作っていく。

## Comment - 講評 -

　東京の下町「月島」は、木蜜街が残され、人口増加が進んでいる。近年「もんじゃ焼き」のまちとして栄え、商いと暮らしが両立している。しかし空き家も増えている。増改築で失われたコミュニティ空間である「長屋」や「裏路地」を、減築とコンバージョンによって蘇らせ、新たなシェア空間を導入して、空き家を子育て家族をサポートできるケアハウスとし、多世代が暮らせる商いと暮らしが両立する街を提案している。

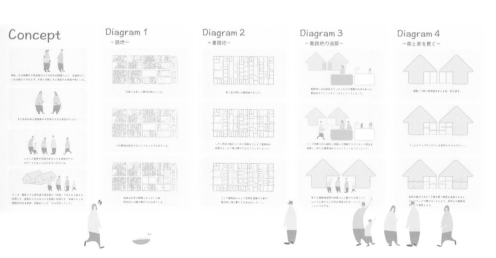

# Concept

### Diagram 1
~路地~

### Diagram 2
~裏路地~

### Diagram 3
~裏路地の減築~

### Diagram 4
~家と家を繋ぐ~

# かわのミチシルベ

## 都市とつながる仙川のさんぽみち

　三鷹市を流れる仙川の住民の意識と実情から「綺麗な清流」というイメージはない。アンケートで「仙川は必要」と回答した人の中にも「汚い、臭い」という声は多い。しかし必要である理由として、三鷹市が仙川によって受けている大きな恩恵について言及しているものはない。仙川には川と人々の関係について正しい知識を得る親水空間が必要である。

　現在、三鷹市の下水道の80％が合流式下水道で整備され、雨水と生活排水は合わせて処理されている。仙川流域の東部処理区でも、管渠や東部下水処理場の能力を上回る量の水は、未処理のまま仙川に放流されることで都市の「うわべの衛生と安全」が守られているが、仙川は排水路と化している。

　仙川の水を巡る動きを調べると、昭和30年代以降、仙川流域は宅地造成に伴う治水整備のため護岸工事を行った。その結果仙川の水源の多くが枯渇。現在は下流の伏流水を取水し樋口取水場に貯留。

　1日1,339m3を1.6km上流の野川宿橋まで圧送水して水量を保っている。

　河川軸と都市軸の交流点をリンクさせる。橋によって仙川を越える道路部分を空間操作することで、都市と仙川の交点をつなぐ、また、プロムナードの出発点としての「拠点1」には、川の特徴を取り入れた空間を提案する。スロープによって、通路と各フロアのレベルが次第に変化する)。

　視線を通したい空間では通路とフロアのレベル差を0に、視線を遮りたい空間では通路とフロアのレベル差を最大にする。

　施設の機能は仙川に関するレクチャーを受けたり、公共活動の拠点となったりする。

　また、吉祥寺通り沿いにはビオトープを設け、建築内にも水の流れを創出。人の流れとともに水の流れが同時に仙川へと降りていくように計画する。

## Comment － 講評 －

　三鷹市の街の中を流れる「仙川」に注目し、かつての河川の役割を再発見し、現代の街が失った親水空間の役割を再生させ、さらに生活者のために環境教育とコミュニティの場を創出する提案である。都市の河川は暗渠化され、暮らしとの距離が広がり、都市防災の機能や役割は認識されるが、かつての暮らしを豊かにした水辺空間の魅力は失われた。河川環境を編集して見える化し、多様な水との出会いの場をまちに蘇がえらせている。

## Changes in Channel Shape of the Senkawa.

河川生物と人の共存

人間への奉仕と死の水

美しすぎる排水路

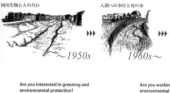

~1950s ▶▶▶ 1960s~ ▶▶▶ 1993 ~nowadays

**Are you interested in greening and environmental protection?**

**Are you working on greening and environmental protection?**

- 12.7% agree
- somewhat agree
- somewhat disagree
- disagree
- no comment

- yes
- no
- no comment

## 100,000 tons of Sewage Flows into the Senkawa.

晴天時

計画処理水量：1,250 m²/h
処理要求水量：生活排水量 754.5 m³/h
：雨水排水量 0.0 m³/h

20 mm/h 降雨時

計画処理水量：1,250 m²/h
処理要求水量：生活排水量 754.5 m³/h
：雨水排水量 139,800.0 m³/h
（仮に、東部処理区の雨水がすべて仙川に流入した場合）

基準値以内

139,304.5 m³/h 分が基準値越え

■汚水桝 / 管    ■雨水桝 / 管

※ただし、生活排水量は1日200 L / 人の24分の1を、計画処理水量は晴天時最大 30,000 m³ / 日の24分の1をそれぞれ適用。

Sen-kawa    event space    reading space    ...tive    ...

# 五反田花街芸文館
## 花街の名残 海喜館の新たな提案

　私は街の文化を継承するまちづくりが重要だと考え、幼少から親しみのある五反田の街に注目し多様な個性の街が集積していることが分かった。中でも花街の目黒川沿いに唯一残されている。「海喜館」に注目し、将来に引き継げる花街の芸能文化施設を提案する。

　五反田は山手線の駅に蒲田と結ぶ池上線の終着駅が立地している。江戸時代に目黒川沿いの田園が広がっていた。御殿山には岡山藩の下屋敷、東五反田には有楽街が西側には温泉が発見されたことから旅館が作られ花街が形成された。

　関東大震災の後に工場が立地し、池上線が延伸された。戦災跡地には闇市が作られ、駅周辺の商業エリアが形成され花街は衰退していった。現在は、「海喜館」だけが残り解体が決まっている。

　このように五反田には花街の芸能文化の歴史が色濃く残り、その歴史と文化を継承することが重要だと考えた。

「海喜館」は昭和5年頃に建設され、現在は閉鎖され解体が決定されている。敷地内には増築を重ねた建物のみが残されている。そこで私は、クリフトファーアレグザンダーが提唱したパタンランゲージの手法を使った建築の分析から、建築の要素を抽出し、

　　1）重なりのある屋根や、トタンや木片のコラージュから見られる壁
　　2）石段の玄関や飛び石から現れる境界
　　3）古びた木の小窓などの開口
　　4）屋根に重なる瓦や電線が絡まり合う電柱などの素材
　　5）歴史の名残が現れる看板や煙突などのアクセサリー

　これらを「海喜館」の「カケラ」とし実際に建築構成として利用できる屋根、壁、庇を抽出し設計に示し、五反田の花街芸文館を提案する。

　この建築は日本舞踊や落語などを披露する芝居小屋を中心に、酒場、料亭文化を伝えるお座敷、和物工房などを取り入れ新たな機能として伝統を継承する施設として計画した。

---

## Comment - 講評 -

　東京の「五反田」は、山手の屋敷町、下手の川沿いに花街が展開し、戦後は、駅周辺に闇市や歓楽街がつくられた個性的な街である。唯一残された「海喜館」は、料亭文化を象徴した木造建築で、コンバージョンによって現代の芸能文化を継承する交流の場となっている。都市再開発によって無機質・無個性な都市空間が広がるが、都市の文脈を掘り起こし、新たな都市空間を活化する修復型の都市更新の作品で、優れた提案であった。

近代化されスケールが大きい建物が増えてゆく

その中でも時代や年月を感じさせる建築には新しい
ものでは表現できない力強さと美しさを感じる。

建築学科に入りその魅力に気づいた私は
街に薄まる海喜館に目を惹かれた。

そこで面白みに惹かれた
海喜館を構成する素材に
興味を持つ

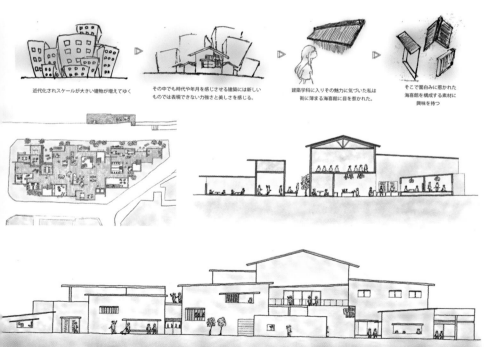

# 個性に寄り添う建築
## LGBTQ を個性と認めるクリエイティブセンター

社会はさまざまな人で溢れている。しかし人々は徐々に他者に対して無関心になり、人と向き合うことを避けて、最後にはあきらめてしまっている。

その結果、多数派による偏見や生き方が横行し、少数派の人々の存在や個性を奪う社会を生み出している。

近年、ニュースに取り上げられる LGBTQ に対して社会の認識が問われてきている。現代の社会は一方で、寛容になってきているが、しかし、人口の5%の彼らに対して、95%の人々は日常的に認知してくれていない。これからの社会は多様性を認め合い、互いに支え合って、共存することが大切になる。

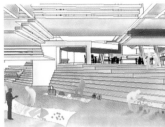

持続可能な社会を構築するためには、両者が緩やかに互いの存在を認識し、認め合えるような関係を築く必要がある。LGBTQ の存在は決して特別なことではなく、「個性の1つ」だと捉えることのよって、互いを認め合うことができ、日常的に寄り添える関係が築けると考えている。

このプロジェクトでは、多様な個性を持った人々が自然に集まれる場所として、サブカルチャーのメッカである「下北沢」を計画地に設定して、ここに「クリエイティブセンター」を提案する。

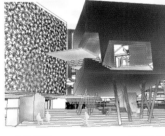

下北沢の街は、全体が創造都市である。日々新たな文化が生まれ、活気に溢れている。従って、「クリエイティブセンター」と言っても、1つの建築として存在させるのではなく、街と一体となった、常に出来事が起き続けられるような空間づくりを目指している。

施設全体は丘のように捉え、その中を2重螺旋の動線が巡り、大小の広場空間が屋内外に連続して展開して、立体的に交錯する場所をつくる。

特に、交流空間は半開放された空間を持ち、互いが向かい合うように配置し、互いの空間を意識し合う関係性をつくり、さらに外部へも解放し、外部の吹き抜け空間を通して、下階の外部空間ともつなげる。発信（発表）と受信（観客）との関係を固定せず、自由自在に変更できる交流空間を目指している。

## Comment － 講評 －

日本は、近年、社会の多様化によって LGBTQ の課題も浮上してきた。米国サンフランシスコ市の先進事例から「LGBTQ は個性だ！」と解釈できた。個性を認め合う心のバリアフリーに挑戦した提案である。サブカルチャー都市「下北沢」に多様なコラボレーションの場を創出している。都市の創造力が求められる時代、多様な個性を持った LGBTQ 含んだクリエーターが集まり、芸術文化の発信拠点を実現させている。学内外で大きな反響と高い評価を得ている作品である。

下北沢の道グリッドから階段の位置を決める

新たな道グリッドからホールと丘の位置を決める

ホールに寄り添うようにスラブの建築の位置が定る

①オープンホール

下北沢の街からゆるやかにつながり丘がみんなの劇場となる。

②セミオープンホール

丘から劇場の音や雰囲気が流れてきて、1つの視聴の場となる。

③セミクローズホール

中心にある2つの劇場がつながり、それらの情報が建築内へ広がる。

④クローズホール

各劇場内で公演・劇を楽しむ。別々の公演を一度のできる。

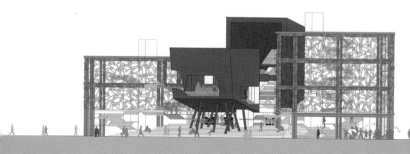

# House of Meeting and Issue
## 地域で考え世界に発信する国際学生会館

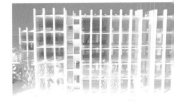

日本は少子化により学生が減る中、外国からの留学生受入れは不可避であり、また学生は日本の経済や文化に興味があり、留学生のための施設需要が見込まれる。そこで、横浜市立大学の国際交流を目標とした留学生向け学生会館を市営住宅のリノベーションにより提案する。

対象敷地と横浜市立大学・留学生の現状を調査した。対象敷地は市立大学に隣接した戦後の住宅不足のために建設された51C型の市営住宅団地である。市立大学の留学生数は2009年5月現在117名以上であるが、現在、学生寮等の施設はない。

団地の方向性の転換させるために、団地の持つ均質な建築空間を多様なライフスタイルや価値観を持った生活の場づくりと地域との交流の場をつくり出すために、既存の建築の空間性を活かしながら、交流型の建築空間へと転換させる。

既存団地への補強として、日本の家屋の伝統である「格子」をモデルに、屋内と屋外の関係を構築する。格子を介して行われるコミュニケーションは相互の情報を変換させる機能を備えており、日本らしい国際交流の場を創出することができる。

地域の広場となる団地の「間」に注目し、国際学生会館は、団地であった建築の間の空間を広場化と多重格子の建築化によって、国際学生会館の交流広場であるとともに、街に開かれた通り広場の役割も担わせ、このことによって、国際交流の「環」が、留学生間の交流から街との交流を広げる場とすることができる。

このように、団地のコンバージョンによって、大学の街ならではの場づくりができ、国際的な人と人との出会いや交流が育まれ、新たなコミュニティーが生まれ、ここから世界へアクティビティーが広がるように提案している。

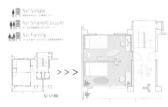

## Comment - 講評 -

大学の国際化は留学生を増加させる。国際交流の新たな姿として、横浜市を選び、横浜市立大学の国際交流会館を提案している。既存の市営住宅をリノベーションによって、RC造の階段型集合住宅の画一的な躯体を減築や改築で、空間の流動性と拡張性を確保し、さらに新たな建築要素に木材を活用し、日本的スケールの木質デザインで実現している。街に開いた留学生の暮らしと交流の場を創出している。

## □団地と方向性

団地は通常南向きに並んで建てられて、南北方向を
強く意識したつくりとなり、全棟が同じ方向を向いて
いる
そのせいもあってかどの棟も同じように見えてしま
い退屈である

平面・断面・立面的に見ても今の団地では視線が一方向にしか行かず、建物外の人たちや隣の住戸とのコミュニケーションがとりづらい

窓のある一方方向にしか視線が行かない + そこに出窓ユニットを加えると ⇒ 出窓ユニットにより開口が増やされるが、左右の開口部に情報が分かれる

コの字型の出窓ユニットを入れると・・・

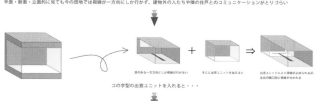

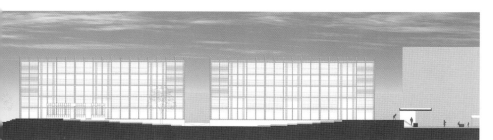

# 疎密景
## 線の密度感による野毛コミュニティセンター

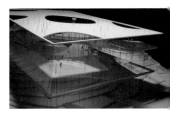

　私は「弱い」ことに魅力を感じている。「弱さ」は、意思・信念を持って相手に伝えられ、主張しないが確実に存在し、周りを引き立てる「隠し味」のような役割をしている。

　現代の建築は壁体によって空間を分けているため、その空間機能を拘束する傾向が強い。

　柱によって現れる空間を研究することのよって、気配のような「弱さ」を感じられた。柱は建築物の構造的な支えだけでなく、空間領域を認識させる役割がある。

　壁とは異なり、完全に仕切らず、領域を明確にして場を発生させることができる。また、柱の高さを変化すると領域があいまいな空間を生み出すことができる。

　柱密度による空間のつくり方を研究した。柱を用いて構成した空間は、柱密度を変化させ、視界の広がりを操作し、多様なスケールのフレキシブルな空間をつくりだし、境界認識の強弱を発生させることができる。

　この柱密度で現れた空間のことを「疎密景」と定義する。計画地は横浜市西区の港周辺と内陸部で２つの魅力を持っている。

　内陸部には、住宅地が広がり、野毛山動物園や横浜市立中央図書館などの文化交流拠点、港周辺はさまざまな都市計画により整備され美しい街並を形成し、西区は「港」というイメージを強く認識させている。

　またJR線や道路などによる横軸と河川によって内陸部と港周辺のま街が分断されてしまい、相互のつながりが閉ざされ、港周辺が賑わい、内陸部は取り残されている。

　この提案では「野毛コミュニティセンター」を提案する。豊かな緑に恵まれ、市立図書館と動物園をつなぐ野毛山公園の丘陵部周辺に注目して、野毛地区の交流の場を発生させるコミュニティセンターとし、自由な行動の場を提供し、人々の活動が丘の上に新たな文化交流の風景を展開する場をつくり出す。

## Comment － 講評 －

　建築の役割には安心・安全の観点から災害に強い強固な建築となるのだが、その建築の存在の「強さ」に疑問を持ち、新たな建築空間のあり方に取り組んでいる。建築空間の認識は、建築要素の柱・壁・床だけでなく環境要素の光・風・音が融合されている。しかし「弱さ」をテーマとすることで、壁を無くし、柱を極力細くし、多柱空間とし、柱の密度で空間の領域を生み出す手法である。新たな建築空間の可能性に挑戦した提案である。

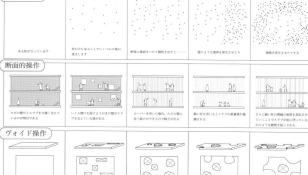

平面的操作

断面的操作

ヴォイド操作

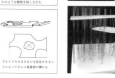

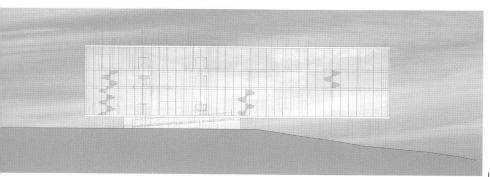

# 都市の再起
## 市場からの文化観光交流の創造

　都市は常に変化しつづけ、新たな都市再生モデルが求められる。昭和初期、横浜卸売市場は周辺の街と繋がる市場都市を形成していたが、街との関係性が薄れ衰退化している。市場と街を繋ぎ活性化させる文化観光交流拠点を計画する。

　新旧の時代の街区は4つに分かれ、運河と線路により物理的なエッジが存在している。結節点は衰退してヴォイドとなってしまい、市場が都市に開かれてない。市場の機能は街の台所で、食品の安全性や産地の情報提供などの役割を担い、今後は観光客へのプレゼンテーションが重要になる。この場所に、場外市場の機能を持った拠点整備をする必要がある。

　交流を創出する建築の手法として、エッジを解消する「斜開口の入れ子層状空間」としている。斜開口のL型の壁をずらして重ね、入れ子層状空間によって構成し、エッジや層間があいまいになり、多様な場を創出し、変化に富んだシークエンスを発生させる。時間や空間の変化によって連続的な体験空間が実現し、位相関係を捉えながら交流が行われ、空間の継続と変化を体感させる。

　提案する施設は、都市と市場を繋ぐマーケットギャラリーである。市場は多くの人、物、情報が集散する場で、街、運河、観光、市場からの4つのアクセスにより、計画地を生産・流通の場から港文化を発信する交流の場へ変え、「マーケット」「ギャラリー」「観光センター」「交流広場」の機能が複合した拠点とする。

　建築は都市と連続する建築となり、街区の地形特性を生かし、蛇行・連続する建築空間と街区に開かれた広場空間を設け、港湾都市の生活・市場・観光の総合的な文化交流する新たな都市空間を生み出す。

　市場と連携する施設や活動を展開する場を複合的に設けることによって、横浜の市場都市の魅力を再発見し、人・物・情報の新たな出会いを創造する文化観光交流の拠点とする。これにより市場周辺を中心に、街を連携させながら活性化させている。

## Comment - 講評 -

　横浜市の港湾地区には、日本第2位の市営市場がある。周辺は再開発ビルが立ち並ぶ都市景観の美しい街である。しかし、交流の機会が少なく、賑わいが失われている。市場の引き込み線跡地を活用して、孤立している市場を街と連続させる文化観光交流施設を提案している。建築は蛇行して大小の内外が連続した広場を設け、横浜の都市ガイドと市民のコミュニティの場を提供して、駅からの賑わいが連続する都市空間を実現している。

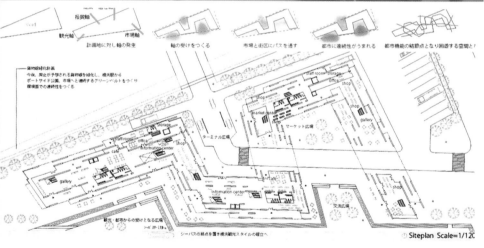

① Siteplan Scale=1/120

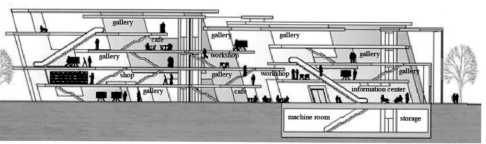

# Space Jam Session
## 山下埠頭倉庫のコンバージョンによるミュージックスタジオ

音楽施設の多くは時代対応しきれていない。「音を体感する場」は、歴史的に野外や宮廷から、音楽ホールへと移行させてきた。また、音楽メディアの普及や演奏環境の発展が、音楽表現を多様化させ、ライブハウスや路上、大規模な野外コンサートなどが、音楽環境と周知されるようになった。

しかし、多くが音響をきっかけに視覚より聴覚を優先した空間計画がなされ体系的になっている。都市においては自己完結した存在となっている。また現在、表現の場を求めてドームでコンサートがひらかれるなど常に変化する音楽に、体感の場が対応できていないと考える。

体系的な音楽環境ではなく、演奏者と聴衆者で異なる場所の知覚がなされ、多様な空間活用を促す、時代に対応した相互の意思共有の場が必要とされていると考える。

音創空間の形成とその手法を明らかにするために、建築内に見る多義的音楽環境を研究した。建築内の多義性に注目した音楽環境は、体系的な配置関係を脱却し、偶発性の向上が選択性を高め、思いもよらぬ行動の派生や、音楽ホールを取り巻くホワイエに都市空間を挿入する構成によって空間が許容する行動が増える。

また、音楽ホール内のテクスチャーの変化により空間体系を崩し、演奏者と聴衆者の関係性を可変させる。

これらの操作は、音楽空間の部分にはみられるが、建築全体を多義性から構成した音楽環境は存在していない。

音創空間は、空間のズレや混沌をつくることにより、行動を引き出す場を発生させることを目指す。

空間に歪みを与えたモデルを基本とし、エフェクターをテーマに混ぜる、重ねる、積む、貫入の操作を加え、多義性のある空間モデルによる建築空間の構築を試みる。

また、それらを同時多発的に存在させ、身体感覚を刺激する連続的な空間体験の構成を考えるための誘発空間モデルを示す。

「ミュージック・スタジオ」の全体構成とその手法を明らかにする。建築の全体構成から考えると、音楽の創造は、音楽家が異なる要素を戦わせ、新しい関係から音楽を生んできた。

本修士設計では、計画対象の倉庫の建築空間に対し誘発空間モデルを使った空間を挿入し新たな音楽活動拠点にふさわしい内部空間を創り出す。また、都市に対してメッセージを発する存在となるようにデザインする。

既存の空間は柱梁RC構造で、グリッドは維持しつつ、床を交互に抜き空間にズレを発生させ、新たな空間を挿入して、クリエイティブな環境へ変貌させる。

次に挿入のルールは、この建築の立地する位置が横浜港のシンボリックな場所にあるので、横浜のシンボルとなる施設や地区に呼応させるように軸を設定し、新たな空間を挿入する条件とする。

その空間の振れが、新旧の空間の歪みを生じさせ、予期しない空間が展開するので、多様性を与えらる。

そして挿入されたボックスは、内部空間が光の限定や天井高の変化が発生し、求心性と散策性を高め、その形態に意識を向けるようになり、形態がアフォードする行動の選択肢の知覚を増やし多様な行動を促す。

各空間は、個として存在しつつ主ホールや挿入されたものが反響板の効果を出し、全体を1つの楽器のような空間とする。

---

## Comment - 講評 -

港湾都市「横浜」の倉庫街は、コンテナー埠頭の建設によって、倉庫街の役割が変化して未利用資源となっている。クリエイティブシティとして横浜トリエンナーレの開催など、都市の活用実験は行われてきた。最近話題になっている IR 用地として注目され、倉庫群の活用が検討されていた。このプロジェクトは巨大な空間である倉庫建築をコンバージョンによって、ミュージックスタジオをコンプレックスによって音楽創造拠点を実現させ、文化創造拠点を提案している。

  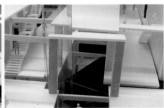

Standard type

**エフェクター**
鳴き龍や教会等の神聖な雰囲気を擬似的に体験させる為につくられたものであり、電子化した音の波長に変化を与え様々な効果を得られるボックスである。

- **Effect**

| 01.ダイナミクス系 | | ▶ | |
| --- | --- | --- | --- |
| レベル補正等、全体のバランスを整える。 | | | |
| 02.フィルター系 | | ▶ | |
| 聴覚上強弱される周波数等を変える。 | | | |
| 03.歪み系 | | ▶ | |
| 入力信号を増幅させ、クリッピングし出力波形を変える。 | | | |
| 04.空間系 | | ▶ | |
| 原音に残響を付加し、感覚を混乱させる。 | | | |
| 05.モジュレーション系 | | ▶ | |
| 入力された原音に周期をずらした信号を混ぜ、揺らぎを得る。 | | | |

## 空間内利用スタディー

この空間モデルを挿入する時にただのデザインで割る事を避けるため形態の持つ多義性を考慮しつつスタディーを行う。
斜めのパスは、パスの確保と斜路の有効活用を可能にする。また、一面の階段は人の通行をより快適な物にする為、そこでの活動の幅を広げる事ができる。

斜路挿入タイプ　　　開口操作タイプ　　　一本パスタイプ　　　面挿入タイプ

**立体構築スタディー**

縦方向への複数空間の連続的な形態構成のスタディーも行う。
却外にも入れる。尚、次のビルディングタイプを設定し、どのような挿入方法がより効果を発揮するかノンスケールによる模型を作る。

挿入モデル.01　　挿入モデル.02　　挿入モデル.03　　挿入モデル.04

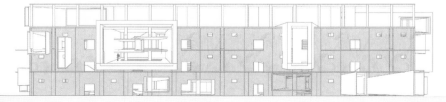

# 隙間が生み出す街の虚景
## クレショフ効果を用いた Yokohama landscape movie museum

映画の技法に「モンタージュ」があり、組み合わせることのよって「クレショフ効果」がつくり出せる。空間の多様性を生み出す技法に応用する。映像作品は、2つの画像の間に明確なつながりが無いので、その隙間の空白を創造でつなげる。ここに多様性にある空間をつくる要素がある。見えない繋がりを想像して作り出すことができる。

空間を移動するとき、現在と前の空間の対比によって認識に変化が生まれる。これを空間の「クレショフ効果」と定義する。空間の間に隙間をつくることで、光を取り入れ、空間領域の際を感じさせる。

空間の際を認識することで、初めて前後の空間の違いや繋がりなどの関係性を意識して、新たな空間効果が生まれる。

「横浜風景映像ミュージアム」を提案する。横浜みなとみらいは、映像文化都市構想によって、創造産業に適したまちづくりを目指し、映像系の産業を集積することで、アジアの映像拠点を目指している。

映像作品の展示は、暗室による外部と断絶されるため極論で場所性を必要としない。つまり、映像そのものと上映する場所は切り離された関係になる。

「カメラオブスキュラ」を用いて風景を映し出す。暗室に小さな穴から外部から倒立した風景が映せるので、横浜の風景映像を展示できる。

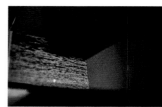

そして日々の変化を映し続け、みなとみらいでなければ見られない映像体験となる。

みなとみらいは、横浜と言っても全く別の顔を持つ。この美術館は、断片的に切り取られ風景を繋ぎ、外では見えない映像体験によって、それぞれの関係性と出会いによって、横浜の新たな風景を再発見する。

建築は、ルービックキューブのよう積み上げられた大小の空間に、暗室のような映像展示を、積む・ずらす・切り取る操作と隙間から構成する。内部を立体的回遊動線で繋ぎ、ユニットに操作を繰り返し行って多様な場を創出する。

---

## Comment - 講評 -

この作品は、映画の手法を用いて、街の風景を映し出すユニットを積み上げ、港街横浜の風景を切り取ってリアルな映像を展示する。そして積層されたユニット間にもスリットを入れる。これらの内部空間を巡ることで断片化された映像体験が繰り返えされ、それぞれの映像の関係性を想像させて新たなまちの姿を体験させる風景想像美術館である。テーマからストーリーまでのプレゼンテーションは素晴らしく、高く評価された作品である

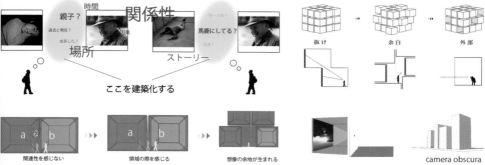

関係性

時間

親子？
過去と現在？
成長した？
因果
場所
ストーリー
もう一人？
加速？
馬鹿にしてる？

ここを建築化する

抜け　　　余白　　　外部

関連性を感じない　　　領域の際を感じる　　　想像の余地が生まれる

camera obscura

街の風景が映し出される

ブロック間のずれから
光が入る

抜けから２方

汽車道

敷地
ピンホール
現在の動線（観光客）
現在の動線（住民）
新しく生まれる動線
ゾーン

N

# 漁師のいるマチ
## 子安浜漁河再生計画

　横浜市の子安は、江戸時代から続いている漁師町である。浜通りは活気にあふれ、住人同士のつながりも強いコミュニティが形成されていた。しかし、漁村が徐々に衰退することに伴い、そうした風景は失われてしまい漁河の衰退が著しい。子安の沿岸部は、埋め立て事業によって、新たな土地を生み出し、そこに工場が進出して工業地帯となった。漁港は海から遠くなり、さらに高速道路の開通によって、漁港は高架下のまちになり、環境が悪化した。

　このように周辺環境は目まぐるしく変化し、子安は、埋め立て地と第一京浜に囲まれた、陸の孤島になってしまった。

　漁業は、衰退しながらも根強く残り続けてきた。この漁師町を、現代社会のニーズに合わせて、まちの機能を再編して、新たな漁師町の魅力を創出して、子安浜を活性化させることをこのプロジェクトの目標とする。河川の両岸に施設をつくることのよって、向かい合うまちをつくり、両技師をブリッジで繋いで回遊性を創出する。両岸のまちが水辺の空間を身近に感じることのできる親水性に高い交流空間を創出する。

　この建築には「折連空間」によって構成する。板を連続的に折込むことによって、空間を発生させる手法である。折れ込みを連続させ、変化させることのよって、変化に富んだ水辺の景観を創出することができるとともに、この手法によって、空間が細分化され多様なプログラムとアクティビティに対応することができる。そして、「漁師」「漁業新規参入者」「住民と観光客」の3つの異なる立場の人々が、活動領域を連続させながら、混在させ、両岸の空間が一体的に構成されるように計画している。

　子安浜漁河は、多様な生活を営む人々が集まる、親水性のある暮らしと生業が共存するマチとして再生することを目指している。

---

## Comment - 講評 -

　横浜市の浜道りにある子安地区は河川を利用した漁港があり、海なりわいの集落が形成されていた。このエリアは埋め立てによる都市開発に伴って京浜工業地帯へと変貌し、高速道路の高架下になり、海との距離ができて、街は衰退してしまった。しかし浜通りの再開発が進み、都市環境の復活の流れが始まり、マリンレジャーの拠点に位置づけることで、空き家や空き倉庫をコンバージョンによって再生させ、漁港集落の現代的な再生を図る提案である。

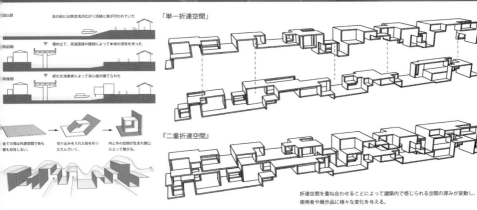

「単一折連空間」

『二重折連空間』

折連空間を重ね合わせることによって建築内で感じられる空間の厚みが変動し、
使用者や展示品に様々な変化を与える。

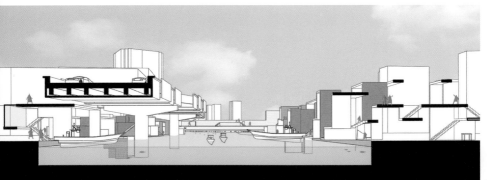

# まちをつなぐ丘の図書館
## さかみち商店街とよこすか文化のネットワーク

横須賀市の公園・図書館の建替を起点にして、山の手の地域に集積する文化施設をネットワークさせるまちづくり提案である。横須賀市の山の手エリアのもつ3つの要素は、1つ目が、スプロール状に拡がる坂道だらけの住宅地、2つ目が、人通りと離れた丘の上に建つ文化施設、3つ目が、坂道沿いに連なる1km以上の商店街である。

これらは市民からはネガティブに捉えられていて、地域の衰退を起こさせている。

そこで、これらの要素をプラスに転換する必要がある。商店街の中に分散している文化施設の機能を複合させ、日常/非日常の活動が混在する賑わいの場をつくる必要がある。

駅前にある児童図書館は、麓の地形に潜り込ませる空間としてなじませ、このエリア全体の街の情報発信の場とする。

丘の上の図書館は、大きく造成された敷地を、もとの地形を復活させるように、起伏の頂の地形で覆い、大小のミチから動線を取り入れ、活動の風景が連続して発生するような建築としている。

建築は、小空間を連続して全体を構成する。各小空間は床レベルを傾斜に沿って操作し、屋根をはね上げることで屋内外の距離感を多様にする操作を行う。

周囲は丘地のままの公園として整備して建築との一体感を生み出すように計画する。ここでは図書と多様な活動が発生して、坂道を登りながら建物の中を巡るようにしている。そして頂に到達すると、横須賀の海とまち、これまで登ってきた坂道に続く、本の段々畑を一望に望むように構成している。

横須賀のネガティブであった坂道をあえて取り込むことのよって、坂のある街に暮らす楽しみが横須賀の山の手の日常になることを願っている。

## Comment - 講評 -

横須賀市は、山の手の公共施設群と海の手の生活の場が谷戸によって分断される都市構造である。人口減少が進み、高齢者に嫌われ、暮らしにくいまちとして認識されている。JR横須賀駅の背後には「さかみ商店街」を軸に、網の目のように細街路が張り巡らされている。丘の上の図書館は老朽化して建て替えが必要である。地域のコンテクストをまちの個性と捉え、集積型の建築システムを開発し、街に開かれた図書館を提案した。優れた作品である。

●坂道商店街のリズムで、本来の地形を取り戻す

●ズレの操作

大きく造成された今　▷　なだらかな丘に戻すボリューム　▷　さかみち商店街のリズムでカット　▷　ずらす操作で多様なキョリ感をつくる

近づく　　離れる

平地に造成された今　▷　反った麗に戻すボリューム　▷　さかみち商店街のリズムでカット　▷　ずらす操作でマチの動線を絡ませる

違いのに近い　　個々で独立

●よこすかにもぐり、情報を発見する

●自然を感じる待ち合わせ時間

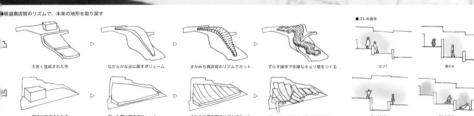

現在の造成との隙間から光が差す　　小さな空間が連続する奥行　　ぐるぐる回る動線で巡る　　木々の茂る駅前公園　　ひっそりとたたずむうら公園

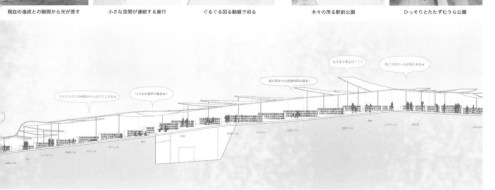

# 路地を抜けたら、、、
## 裏で繋ぐどぶ板通り

　横須賀市は、敗戦後1945年に占領地として接収された。現在もなお市内には米軍基地が存在している。横須賀市の観光の中心である「どぶ板通り」は、歴史と様々な文化が入り混じり、沢山のものを発祥し、発信してきた。年々観光客は減少傾向にあり、商店街の再生が求められていた。

　横須賀市の老舗の「どぶ板通り」は、立地の特性から閉鎖的な店舗が多く、同じ商店街に居ながら、交流が生まれていない。商店街には表と裏があり、限定された人しか店内にはいらないため、店を『裏』と考えている。そこで、狭く、交流しやすいバックストリート(裏路地)を『表』とする計画を提案する。

　裏路地を使う事で、逆に大通りからのアプローチを新たにつくりアクセスしやすくし、「どぶ板通り」に人の流れを呼び込むようにする。裏路地は「どぶ板」を連想するスラブによって、新たな空間をつくりだす。そこで、「どぶ板」からイメージされる「板」を建築のスラブとする。一階には庇空間、二階には新たな床を設けて空間をつくりだす。板と板の間には隙間をつくり、板の単位の陰が落ち、一階にいても「どぶ板」を感じられるようにしている。

　店舗には裏路地に面したバックヤードがあるため、お客は建物の間からしか「裏路地」と「どぶ板通り」を繋げない。そこでバックヤードの位置を変える事によって、店内を経由し裏路地を結び、「どぶ板通り」からのアクセスを確保する。階段は異なる高さで広場空間を設けて、様々な機能を持たせる。広場には人がたまり新たなコミュニティの場所となる。

　このような手法を使い、路地から裏路地へ興味を持たせ、本来の「どぶ板通り」を知り、人が流れ、商店街を利用しやすくなる様なきっかけの場をつり出す。

## Comment － 講評 －

　横須賀市は港湾都市で、軍事拠点が都市形成に大きく影響している。さらに戦後、1945年から米国に接収され、現在も海軍基地がある。「どぶ板通り商店街」は、異文化交流が盛んなまちとして発展し、次々と新しいものが発祥し、発信され、市の観光拠点である。都市整備による「大道り」と商店街の「表通り」は表裏の関係にあり、間には「裏路地」がある。個店の空間を特徴付け、大通りと商店街の表道りを繋ぎ、異文化が交流できる回遊するまちを提案している。

広場：階段を使い、裏路地に居場所をつくる〜

段差の高さによって、
用途が変わる階段を広場につくる事によって
コミュニティが生まれ、
人がたまる空間にする

Plan: 店のバックヤードを変える〜

バックヤードがあるため
消費者は、
建物の間からしか
裏とどぶ板通りをつなぐ道はない

▶▶▶

バックヤードの位置を
変える事によって
店内を経由し、
裏通とどぶ板通りをつなぐ

店内・メインストリート　■裏路地

# 現代に紡ぐ農の暮らし
## 茅ヶ崎市旧矢畑村における農縁リビングの形成と竹造循環型建築の提案

茅ヶ崎市旧矢畑村地区は都市近郊の散村として発展してきたが、新興住宅地の開発が進み、現在では農家の屋敷林・農地と新興市街地の新旧が混在する街となっている。

しかし、繋がりの希薄な新旧のコミュニティが存在する。

地区内には相互扶助関係を持つ地親類が残るが、新住民との繋がりが希薄である。少子高齢化の進行等により、両者には空き家・休耕地の増加、単身化や孤独化等の問題が発生しており、持続可能なまちづくりが求められている。

農業が衰退する中で市内では多くの市民農園が開設され、農の暮らしの非生産的価値が認識されつつある。

本修士設計では、残存農地を中心とした周辺街区を活用し、都市における農のある暮らしをテーマに新旧の住民を結びつけ、新たな長寿社会を視野に入れた「地縁」と「価値」を創出する"農縁リビング"の提案を行う。

旧矢畑地区の変遷は、戦後の農地改革・インフラ整備を機に急激に市街化が進み、農村としての自然循環と原風景は失われていった。

対象地区として、多くの休耕地を持つ小字−明王ヶ谷で、旧村域内の69.1%の休耕地を持つ小字−明王ヶ谷を選定した。

対象地区における農地の特性は、
①宅地との近接、
②農地の隣接
③小規模・多数保持

の特性があり、市民農園を開設しても十分な収益を得るのが困難であると確認できた。地区内には放置屋敷林の竹が点在し、周囲への影響から改善が求められる。

農地単体では難しいが、残存農地をひとつにまとめて計画を行う。

農縁リビングの形成のために、地域の課題から「農」をテーマに新たな地縁と価値を創出する『農縁リビング』を提案する。

メインプログラムは農の体験交流施設・地域コンシェルジュの養成所とし、サブプログラムはカフェ等の交流機能を組み合わせる。

農地を体験農園と生産農園に分け、体験農園では農家の指導で市民に農体験を提供し、生産農園では援農の受け入れ、相互援助関係を構築する。

セルフビルドの建築による市民参加型の施設づくりによって、施設整備は農家の農具作りのノウハウを活かしてセルフビルドシステムを開発し、市民参加で施設づくりを行っていく。

「竹造循環型建築」を提案する。農の素系の連続と分散によるデザインを目指す。矢畑の原風景である櫓や覆下コカブの支柱から農の素形である「扠首組構造」を抽出し、建築デザインに用いる。

竹の規格化による簡易な施工システムとする。

屋敷林の真竹を主部材とし、規格化を行うことで、利用者が建設可能な竹造循環型建築を提案する。

農村としての記憶を継承しつつ新たな地縁と農の暮らしが創出される。

本提案によって市街化都市における残存農地と地域ストックを有効活用した、長寿社会の問題を解決させる農のある暮らしの可能性を示すことができた。

## Comment − 講評 −

茅ヶ崎市は「湘南文化」を発信してきた。市域は自然豊かで里山・里川・里海が揃っている。首都圏のベッドタウンの住宅都市の役割を担い、農地エリアには新興住宅地が入り込み環境が変化している。一方、市民参加と環境意識が高く、市民農園など農と住が共存している。交遊施設して里山の竹資源に注目して、セルフビルドの建築システムをプログラムと共に提案して、新たな湘南文化を発信する拠点を提案した優れた提案である。

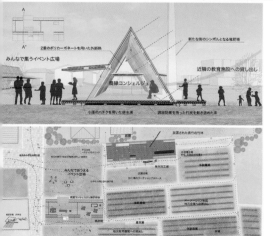

みんなで集うイベント広場

2重のポリカーボネートを用いた外断熱

新たな街のシンボルとなる堆肥棚

近隣の教育施設への貸し出し

軒縁コンシェルジュ

小径のバチクを用いた貯水層

調湿効果を持った竹炭を敷き詰めた床

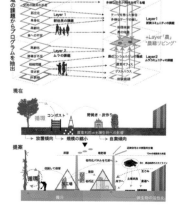

地域の課題　　　　　提案　+Layer 農

現在

提案

# 輪中モデルによる水園都市

日本は江戸・東京に見られるように河川空間を生活の中心に置いてきたが、陸上交通の発展や水害の深刻化により人々の生活は河川に目を向けるようになった。

特に近年のヒートアイランド現象による短期間型集中豪雨の水害は深刻化し、人工的な土木技術による現代の都市構造は対応できていないのが問題である。

そして、親自然型の都市開発を目標として、個性をつくりだす水と緑、生活環境が共存する新たな都市デザインの提案を目的としている。

相模川はかつて多くの水害に見舞われ、ダム建設や都市型洪水対策「safety リバー５０」が計画された。

これらは人工的な土木技術で、今後の降雨量の質的変化を考慮されていない。

相模川沿いの寒川町倉見地区は東海道新幹線駅の設置が計画されており、平塚・寒川地区の一体開発計画「ツインシティ計画」が進められている。

対象地の平塚地区は、住宅地が増えてきているが、かつて水田であったことから、多数の農業用水路が残されている。

そこで、平塚地区の持つ自然的要素を抽出し、都市構造を可視化するために、都市構造の解析調査はイアン・マクハーグたちによる都市解析手法「レイヤーケーキ」を参考に各要素の分析を行った。

平塚地区の再開発では、自然環境条件を活かした親水・治水・都市整備などを一体的に計画する必要があると考える。

当敷地は県央地区の交通拠点であり、様々な交流が発生して、今後も発展して行く地区なので、21世紀の「環境」をテーマとした研究創造都市を目指すべきだと考えた。

そして都市づくりの基本指針として以下に示す。
①親自然型の環境交流都市
②シームレスな交通ネットワークシステムの構築
③職・住・学・遊の融合都市
④水・風・太陽等の自然エネルギーの環境循環型都市
⑤サステナブル建築の導入敷地の分析により、マスタープランは多重レイヤーを
　①景観
　②地形
　③水ネットワーク
　④緑のネットワーク
　⑤土地利用
　⑥建物

とし、かつて日本の河川との共生を図った「輪中」の空間モデルを用いて、多重レイヤーを相互に組み合わせて多様な場を発生させる親自然型の都市再開発モデルの「水園都市」を提案し、都市デザインの手法をまとめることができた。

場の力を利用した都市構成の手法によって都市空間を構成することで、都市の変革に柔軟に対応しながら持続可能な開発を行うことができ、河川と共存する将来の都市像を提示することができた。

## Comment − 講評 −

日本の都市は、自然災害が毎年多発して、河川などによる水害に悩まされ続けている。岐阜の木曽三川では、水害に対応した「輪中」による集落形成の歴史があり、さらにドイツのフライブルグ市の河川氾濫を受け入れた都市再生などの事例研究によって、水害と寄り添うまちのあり方を提案している。平塚の地域環境圏の水利ネットワークを調べ年間の水循環を把握して、新たな水彩都市としてアーバンデザインの視点からまちづくりを提案した優れた提案である。

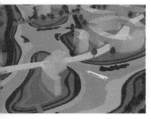

現存する4本の水路。どれも小さい水路でこれからの水害には対応できない。

隣接する川をつなぎ、調整池を形成する。川の流れに淀みができる

淀みを利用し流れを妨げない場所に土が滞留し、流れに逆らわない自然な輪中が形成される。

**既存の川** ▶▶▶ **調整池の形成** ▶▶▶ **輪中の形成**

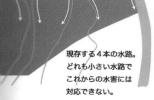

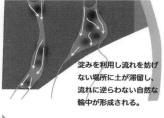

水位変化による水辺空間の比較図

冬期／乾季　　　　通常時／夏期　　　　洪水時／多雨期

# ウィルソン株の巣的空間モデルによる建築提案

世界自然遺産の屋久島にある「ウィルソン株」と呼ばれる伐り株の内部空間に入ると、高さ約4mの幹の壁に囲まれ、生物の巣や母胎のような体験した。人間には本能的に母胎回帰願望があるので巣的建築の可能性を追求した。

包み込まれた空間をつくるために、境界を設けた空間は、人間に対して「守られる意識」と「閉じ込める意識」を同時に抱かせ対立する感情を与える。人間は守られながらも脱出する場所として捉えられるのは「母胎空間」である。

ウィルソン株の内部は腐食風化により、木の幹の柔らかい部分が削られ「内柔外剛」の空間性を持つ。生物の巣も同様に、外部は自然の変化や天敵から身を守るため、不気味な外形を持ち堅固につくられ、内部は柔らかく優しく包み込むような快適性のある内部空間をつくり出し

ている。ウィルソン株の巣的空間の特徴は、動物の巣から分かるように、自然素材で居心地の良い内部空間を与え、最良の居場所の空間性を備えており、空間モデルを導き出す「環境に調和する建築」として重要である。

ウィルソン株における巣的空間の3つの特性「反り」「襞」「穴」から空間要素を抽出する。3つの特性から巣的空間モデルの作成を行う。

「反り型モデル」は、壁面が下方に凸となり反り屋根形状の断面を備え、屋根と壁の境界を曖昧にした連続的な空間が発生する。ウィルソン株の巣的空間モデルから有機的建築の空間のように重心のずれた偏心モデルへと発展させる。

「襞モデル」は不定型三角形の連続架構で構成する。

「梁モデル」はLVL合板のサンドイッチを用いて梁断面の変化で内部空間の揺れを発生させる。様々なシミュレーションを行った結果、単純なのから複雑なものになるにつれて、ウィルソン株の内部空間が持つ特性に近づいていくことが発見できた。

この空間モデルを使って温泉健康保養施設に展開する。

自然浴（光・空気・水・森・温泉）の建築とる川から発生するマイナスイオン、森のフィトチド、温泉成分などの様々な科学的効果、自然の観、建築がつくり出す空間性などの精神的効果、など自然治癒力を取り込み全身で体験できる建築構成を目指す。

対象敷地は、神奈川県立秦野戸川公園に隣接する「滝沢園キャンプ場」で、針葉樹を背景に落樹の森が展開しているので、自然環境を生かし温泉健康保養施設を立地させるのに適していると考える。

また、この敷地は丹沢大山山麓に位置し、敷内に秦野市を象徴とする水無川が流れている。と里を結びつける位置にあり自然を満喫できる好の場所である。

本修士設計は、自然の景観と調和して、ウィソン株から導き出した巣的空間モデルによって柔外剛の空間を持った建築を提案することがた。

## Comment - 講評 -

現代の都市建築は近代建築の機能合理主義の影響を強く受けている。自然の中に作られる建築には新たなスタイルが求められる。このプロジェクトは、敷地や環境と一体になる有機的建築を目指している。そのために、屋久島のウィルソン株に注目し、その空間分析を行い、そこから有機的な「巣的空間モデル」を開発している。秦野市のキャンプ場に計画された温泉健康保養施設で、空と大地に開かれた空間に包まれる居心地と森と調和する外観を実現させた優れた提案である。

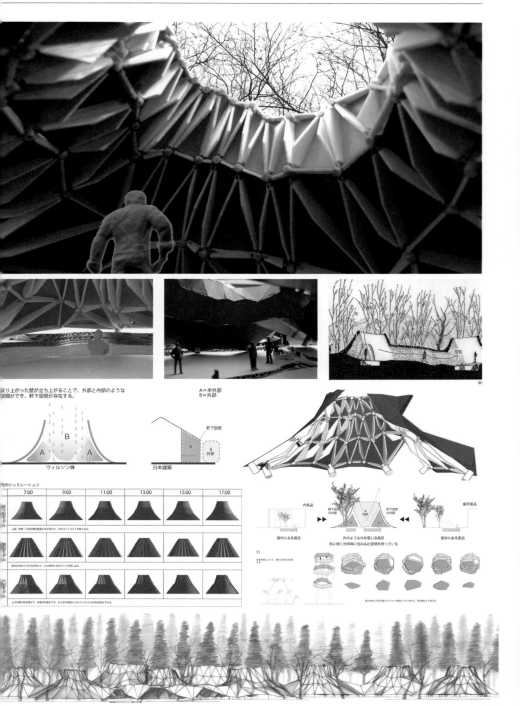

反り上がった壁が立ち上がることで、外部と内部のような
空間ができ、軒下空間が存在する。

ウィルソン株　　　　日本建築

A＝半外部
B＝外部

影のシュミレーション

| | 7:00 | 9:00 | 11:00 | 13:00 | 15:00 | 17:00 |
|---|---|---|---|---|---|---|

屋内にある風呂　　　　　内のような気を感じる風呂　　　　屋外にある風呂
外に開くが同時に包み込む空間を持っている

穴

# GROOVE NET
## 都市創発の源泉

地方都市再生モデルとして神奈川県小田原市を選定し、街歩きやデザインサーベイにより研究を続けた結果、小田原駅前と小田原城を結ぶ中間領域と埋没した歴史的遺構に着眼。小田原に新しい文化を生み出す「都市創造研究所」を設計した。

小田原はかつて宿場町・城下町として栄えた歴史的な都市である。しかし、関東大震災による多くの歴史的建造物の損壊と第二次世界大戦後の高度経済成長が小田原に近代都市計画の導入をもたらし、江戸時代の文化と町割りを無視した鉄道インフラの敷設をきっかけに、異文化同士の衝突を引き起こした。小田原駅前と小田原城を直線状に結んでできた中間領域にはその余波が特に見られ、互いを無視するかのような無機質で魅力のない都市空間が連なっていた。

本計画は、小田原駅前から小田原城に至る「お城通り」に存在する視覚的軸線において、アイストップとなる旭丘高校を敷地として選定し、埋没した内堀の遺構形状を立体モデルとして復元しつつ、都市と連続的につながる現代空間に再編。失われた都市の記憶を未来に継承でき、多様なアクティビティと交流を生み出す建築の提案である。

建物用途は「都市創造研究所」として設定し、小田原市内外・官民問わず小田原に携わる全ての人々が利用できる運営体制を整え、小田原の未来や新しいモノ・コトの創造を自由にチャレンジできる新たな活動の場とした。建築の外観は、内堀の遺構形状を彷彿とさせる水盤と低層ボリュームで形成し、施設に必要な機能の殆どを地下空間に埋設。ガラスと水盤が形成する「水膜」を通して入る光によって、地下空間であることを感じさせない明るく開放的な内部空間となっている。

内部の錯綜する通路と研究室は物理的な交流網「GROOVENET」を形成し、利用者のアクティビティと積極的な交流を誘発する。都市の歴史や文化と融合する建築の生み出す力と可能性が、地方都市・小田原の価値向上と更なる発展に寄与できることを期待した。

## Comment - 講評 -

千年都市「小田原」は、城下町と宿場町の二つの顔をもつまちである。歴史都市のまちづくりは、歴史資産の保護・継承から保存・活用の時代を迎えている。計画地は、内堀の遺構跡で、現在、高校の校舎が建ち、移転が予定され、遺構の再生が求められる。その場所に、歴史資産の保存と活用のために、内堀の水面下の地下空間を活用して、街と連続させた歴史体験施設の計画で、歴史的景観の価値を創出する。優れた提案で高く評価された。

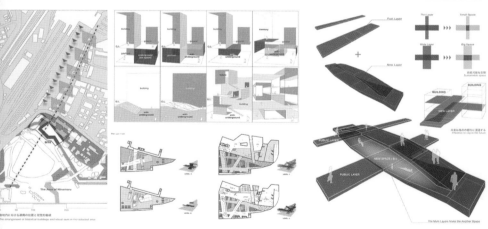

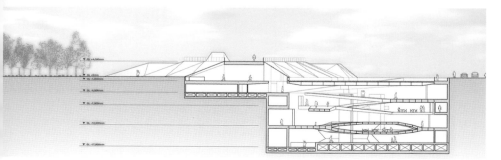

# 永遠の現在
## The Timeless Archives

　小田原は恵まれた自然立地を背景に、古代から定住社会が根付いた土地である。宿場町としても栄えた城下町文化や、明治から昭和初期にかけて多くの著名人に愛されてきた保養地としての文化など歴史的価値の高い都市である。戦後の高度経済成長と共に繁栄したが、経済性を優先しスプロール化したことで、積み重ねてきた歴史的価値が埋没してしまった。更にバブル崩壊後の経済の低迷が続いたことにより、「シャッター商店街」に代表される市街地の衰退も顕著になり、都市計画上の二重苦に悩まされている。私はそのような背景の中で、日常的な場所及び空間から離れて埋没してしまった小田原の歴史的遺産や自然景観など、容易には交換不可能な価値を集約して体験できる空間が必要だと考えた。

　敷地は観光客、定住者ともにアクセスしやすい市街地と小田原城址公園との境界部分に設定した。用途は、地域の文化財や書籍及びデジタル化された地域情報を記録・保存するアーカイブである。単に情報を蓄積するだけではなく、その閲覧や展示などの一般公開も行い、小田原に関わる人たちのコミュニケーションの土台をつくるメディアとなるように計画した。空間構成は、分散配置したプレキャストコンクリートを組積した重厚な塔に複数の透明ガラスのチューブが立体的に挿入しており、この透明なチューブが展示室、収蔵室の機能を持つ。床、壁、天井が透過度の高い透明ガラスであるので、空間体験としては塔の空間に強く支配される。移動するたびに次々と空間が切り替わっていくことで、体験者の時間感覚の概念を麻痺させる効果を意図している。日常生活において、時間観念はほとんど無意識の中にある。主に対象化される時間とは、時計が刻む計量的で不可逆的な時間であるが、そもそも人間は時間の絶対尺度をもちえないので身体的な体験として意識化される時間においては、多様な解釈が可能にある。このような個別の時間意識を歪める空間的仕掛けを施すことで、過去と現在と未来という時間軸を超越して通時的に「小田原」を体感できる空間となり、新たな視点で都市を再解釈することが可能となる。

## Comment – 講評 –

　都市認識から都市創造へとつなげるメカニズムを明らかにする提案である。日常の都市の実態を、連続したシークエンスを身体的に捉え、同時に、時間軸で幾重にも重層された都市構造から都市イメージを表出している。この2つは、常に差異やズレを生じさせ、事物の関係性の捉え方で、終わりのない創造の機会を与えてくれる。この提案では、歴史都市の小田原市を対象に、このメカニズムを活用して、次なる未来の都市を創造する建築を提案した意欲的な作品である。

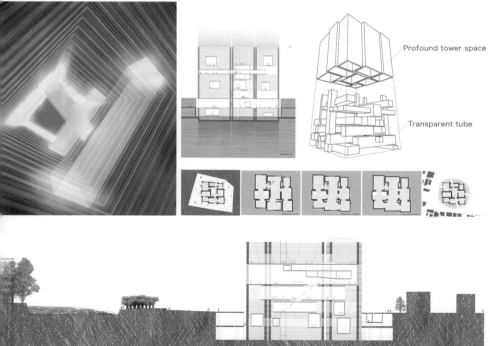

Profound tower space

Transparent tube

# 日常は紙一重
## 街と家族が寄り添う少年院

　私の出身である小田原には少年院があった。高い塀に囲まれ、なかの様子が分からず、怖い印象だけが残る存在である。「少年院」の調査を進める中で、社会からのイメージ、再犯率の高さの問題が浮き彫りになった。少年院は刑務所とは異なり、罰を受ける場所ではなく更生する為の施設であるにも関わらず環境や運営のプログラムが不十分なことに問題意識を持った。

　少年院の一般社会からのイメージは悪く、一方で少年院の矯正教育は社会に広く認知されていない。そういった背景により、罪を犯した少年を社会復帰させること自体が非難の対象となってしまう。

　また、現在ある少年院の塀は中の様子を遮断し、街との関係性を強く切り離すことで暗い雰囲気を滲み出している。

　そこで、街と少年院を隔てる壁のあり方を操作することで、互いに見えない関係ながら互いを感じつつ生活を送ることができ、今までは感じることのなかった街という要素は少年たちに新たな感覚を与え、そして街は少年院と共に生活を送るようになると考えた。

　敷地にグリット上の壁「街壁（まちかべ）」を配置し区画された中に収めず建築を介して隣と関係を持ち、街壁同士の行き来は扉を利用する。扉はひさしや床となり、空間を緩やかに繋げる。敷地は少年院と街、そして2つが時間によって利用範囲が変化し混在する

空間となり多様化していく。もとある井戸を水源とし区画ごとに高低差をつけ、水を引くことで少年院内には外では当たり前にある川という機能が生まれる。敷地内に廊下型の図書館とギャラリーを設けることで、地域住民にとっての抜け道や少年院との新たな関係をつくり出す。地域性を活かした伝統工芸を職人から直に学び、机上の学習を体で学ぶ。敷地内にペアレンツハウスを設け、親も共に更生プログラムを受ける環境を設ける。少年院と街の関係の間に、段階を踏むことができる環境をつくり、少年たちは徐々に街へ溶け

込んでいき、家族と共に出院を迎える計画である。「少年院」という現実から隔離された空間ではなく、日常を過ごすことができる環境として、建築、運営を提案する。

## Comment － 講評 －

　日本の少年犯罪は再犯率が高く、常習化している。小田原市には少年刑務所が立地している。再犯は、子供たちが社会に直接出ることで、元の仲間との関係が再燃する。街や家族が寄り添う姿勢が希薄である。社会と壁1枚で分断された閉鎖空間である。この提案では、逆説的に壁の格子空間つくり、社会との距離を変化する建築システムで、そこに家族がサポートして子供たちを更生させる。学内外から高く評価され優れた提案である。

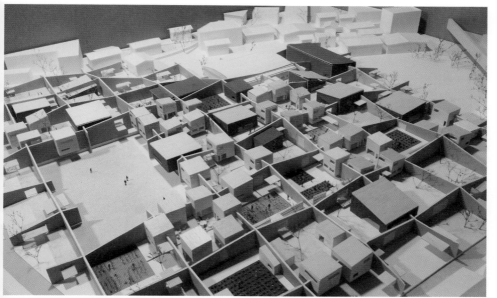

従来の少年院のシステム

家族に問題を抱え衝突 → 子供のみ少年院へ送致 → 親は何も変わらずもう一度

提案の少年院のシステム

家族に問題を抱え衝突 → 少年院内に第2の家を設ける → 家族が生まれ変わり衝突がなくなる

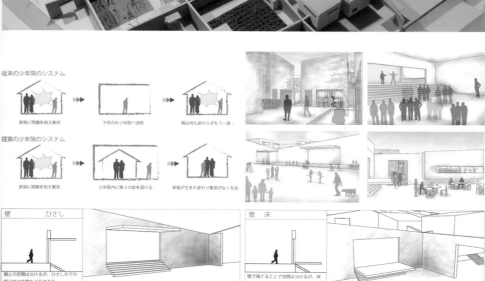

| 壁 | ひさし |
|---|---|

隣との空間は分けるが、ひさしの下の部分では休憩などができる

| 壁 | 床 |
|---|---|

壁で隔てることで空間は分けるが、床は台として使える

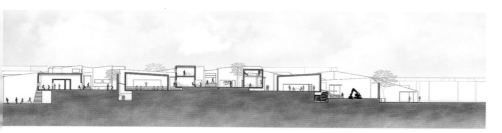

# 「Dock」風景の継承
## 前川と暮らしを繋げる桟橋建築

牛堀町は茨城県潮来市内の水郷の町である。舟運の中継港として栄えた歴史を持ち、時代と共に港機能は消失していった。高瀬舟、サッパ舟、水上ボートなどの水景が意思なわれ風景が変遷した。

そして街の繁華街であった商店街は衰退し、桟橋跡だけが残ることになった。護岸を活用した水郷北斎公園も再整備され、街の再活性化も試みられたのだが、人通りが減ってしまい、賑わいを取り戻すことはできなかった。

牛堀町の再生は、この桟橋跡を再生することが必要だと考え、今回の計画の対象地として選定した。ここには継ぎ足しの建築の手法を取り入れて計画する。

牛堀町では長年の年月をかけて建築を継ぎ足しながら使い続けて来たために、この建築の手法に導入することによって牛堀町らしい街の再生を図る。継ぎ足し桟橋のストーリーによって、新たに交流機会の創出と魅力を伝える。買い物や川沿いに沿って、牛堀の暮らしが体験できる場所とする。桟橋には、穏やかな屋根勾配で連続させる。施設には、街のレイヤーを読み込み、商店街に桟橋の構成を取り込む。そして自然、商店街、川辺が連続する町並みを形成させ、川辺に沿った継ぎ足しを行う。

将来的にも、この継ぎ足しの増減で、水郷の風景を継承していく。

ここでは、故郷の風景を継承する提案として、水郷北斎公園全体に新しいランドスケープをつくり出して、それぞれの継ぎ足し桟橋では、舟の風景を見るだけでなく、それまでになかった新しい交流の風景が連続して展開される。桟橋と壁がいろんな形状をつくることのよって、連なる床と不均質な壁が多様な室内空間を創出させる。

結果的には、港、舟、商店、人を再生することのなり、舟運の風景を再編し直し、町と人を再生していく計画とする。

## Comment - 講評 -

潮来市牛堀は利根川沿いに集落と商店街が発達し、水運によって栄えた。陸運に移って商店街は寂れ、空き家が目立つ。川岸には水郷北斎公園が整備され4つの桟橋跡地が残されてしまった。この提案は、まちの持つ歴史・文化のストーリーを復活させ、新たな観光交流を創造することを目指している。地域資源の河川を活かすために水上スポーツと観光交流を促進させ、それに必要な交流施設を4つの桟橋に整備して、背後のまちを活性化させる計画で、豊かな川辺空間を取り戻す優れた提案である。

## 形態

消失しかけている商店街は5〜8メートルほどの店舗が並列している。水平なラインが連続する風景を屋根に適用し、1〜4番桟橋全体では連なる屋根ラインが川の水面のようにリズムを持ちます。

### 住居兼商店による商店街の水平ライン

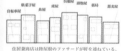

住居兼商店は陸屋根のファサードが町を連ねている。

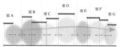

水平ラインを継承しつつ降り合う空間は機能を渋宵します。

### 水面のような柔らかな水平ライン

商店街のラインを手がかりに桟橋全体を通してゆるやかにリズムを持つ細切れの屋根は町のスケールにも呼応します。

商店1

屋根傾斜下り（2階あり）
規線ののび

3番継ぎ桟橋　S=1/200

商店2

屋根傾斜水平（2階なし）
規線のひらき

4番継ぎ桟橋　S=1/200

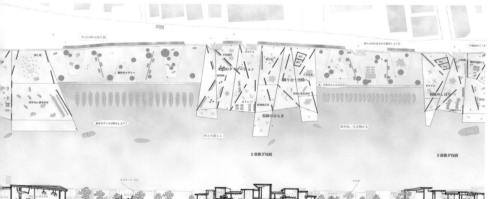

# 森の谷の浮き島
## がんと戦う子供達のためのケアハウス

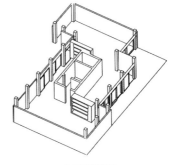

~5つの選べる間取り~

　私は幼いころに入院した経験があり、家族と別になり病院で暮らしていた。親しい友達とも自由に会えない入院生活をし、子供ごころにも、つらい経験でした。その時の経験が「つらい思い出」として深く記憶されている。しかし、同じ病院で入院している仲間とも遊びました。そして優しい看護婦さんに出会うなど、楽しい思い出も残っている。病気と戦うことは、幼い子供たちには、とてもつらく苦しいことである。少しでもそうした子どもたちを快適な環境で暮らせることが重要でした。更に、入院生活を支える建築空間の在り方にも、新たな可能性を見出したいと考えてきた。

　そこで、本プロジェクトでは、がんと闘う子供たちのためのケアハウスを提案します。入院している子供たちは、健康な子供達とは異なる生活パターンになる。子供たちは成長期で、大人の患者とは異なる。病院での生活が子供たちの成長する場所になる。治療は必要ですが、普通の子どもたちと同様に、家族と暮らし、遊びながら学べる場を整えることも重要である。

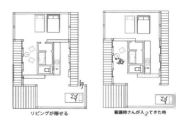

リビングが隠せる　　看護師さんが入ってきた時

一人になりたい時・・・・　家族みんなでくつろぐ　リビングにいる家族が感じられる

　計画地は、千葉県千葉市緑区の自然豊かな郊外地を選定しました。

　ここには「こども病院」・「精神病院」・「老人施設」の3つの施設が一緒に立地している。それぞれの施設は相互の関係性が希薄です。

　多様な世代や多様な疾患を持った方々が、それぞれ治療・療養している場所です。折角隣接しているのですから、それぞれの施設を連携することのよって相互にメリットのある機会を創出できないかと考えました。子どもたちの成長にとって、多様な人々と接したり、暮せたりする機会が得られれば、子どもたちの成長に活かせるのではないかと考えました。施設全体は、雑木林の中にウッドデッキで繋がれた浮島のように集落の景観を形成しています。

兄弟達はまだ寝ている

具合が悪くてベットから出られないけど料理をしているお母さんの隣で勉強する

## Comment - 講評 -

　子供は病気によって治療と療養が異なり、療養生活は長期に渡る。病院施設は画一的で、子供たちの成長を促す十分な環境は整っていない。本人の幼児期の体験から、子供の療養生活の場を病院と社会の中間に置き、子共の成長に合わせ、社会に開かれた「小児医療ケアハウス」を提案している。計画地は、千葉市緑区の郊外地で、「こども病院」・「精神病院」・「老人施設」の中間に設け、雑木林の中に住宅形式の療養施設が浮島のように集落を形成している。プレゼンテーションの表現が高く評価された。

くぼ見に集う〜

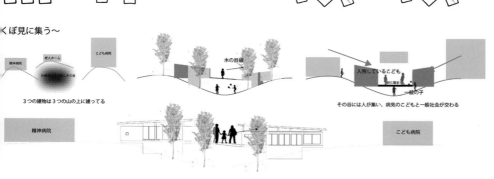

3つの建物は3つの山の上に建ってる

木の目線

入院しているこども

一般の子

その谷には人が集い、病気のこどもと一般社会が交わる

精神病院

こども病院

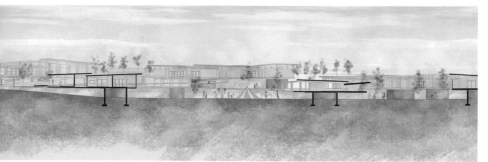

# 都市における木造高層建築の提案
## 木文化を継承する静岡ウッドセンター

　日本は、「木造技術」と「木の文化」が発展し、江戸時代は大規模な木造都市が築かれた。しかし、その後、多くの災害を受け、日本の都市から木造が排除される。日本は、2010年に「木材利用促進法」が施行され、新たな木構部材や木造技術が開発され、大規模木造建築物が可能になった。2021年に開催される東京オリンピックの施設では木質化が実施され、公共施設の木造化を推進するなど、多層階木造建築への注目が集まっている。

　駿府城は公園整備と資料館が設置されている。浅間神社は静岡の重要な歴史遺産であり、その木工技術は伝統工芸として現代にまで受け継がれている。市民や学生に、木の魅力を伝え、木の文化を学び、木を知る場として、木に関わる人々が出会い交流できるウッドセンターの機能が求められるので、「静岡ウッドセンター」を提案する。

　この建築では木を組み合わせる技術性と装飾性を活かしている。

　そして現代技術と伝統技術の融合を図り、伝統木造の技術と現代の木質技術によって木質ビルを設計することで、木の魅力を活かし、日本らしい「木質ビル」の可能性を引き出している。そして主要な構造部材と被覆部材は木材として、「燃えしろ型集成材」や「クロスラミテッドティンバー・CLT」を複合して利用している。外装は、木材部分のメンテナンススペースを確保することは難しいため、外観から木材の構造部材が見える回廊を回したカーテンウオールで覆っている。

　建築構成は、外周部に回廊を巡らせ、主柱2本と積層した屋根架構で覆い、その中に広間としてCLTパネルを使ったスキップフロアーを設けて空間全体を構成する。先進事例のない2時間耐火木質部材を用いて、全て木造による4層以上の高層ビルで計画している。日本らしい木の魅力を取り入れた木質ビルを設計し、都市部における木造高層建築の指針となる新たな建築デザインを提案できた。

木造の空間構成
梁の重複　　　　回廊

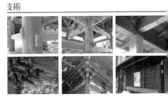

支術

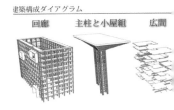

建築構成ダイアグラム
回廊　　主柱と小屋組　　広間

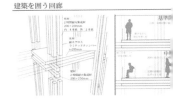

建築を囲う回廊

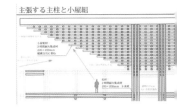

主張する主柱と小屋組

## Comment - 講評 -

　静岡県静岡市は徳川家康の居城であった駿府城の史跡が残され、城下町には木なりわいの産業が継承されてきた。木を学び創造する拠点として静岡ウッドセンターを提案、建築は都市木造としてダブルチューブの木組の回廊に、大きな木柱コアによって多層床と屋根を支えた架構体を複合させ、都市空間に木架構とカーテンウォールで、透明性にある新たな木造高層ビルの姿を提案している。

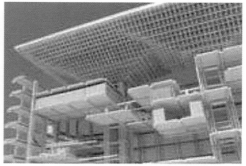

# 追憶の 100 分間
## 夕日に染まる長岡戦災資料館

　長岡市は戦災意識の低下がみられる。空襲から72年を経た、空襲のあらゆる記憶が忘却されつつある。空襲の体験者がいなくなったとき、その記憶を後世に色濃く伝える必要がある。長岡駅周辺には空襲跡地が点在しているが、行政機関や商業施設などの都市機能が駅前に集約されているため、空襲跡地がまちから切り離されその存在を消している。調査では、死没者を生み出した柿川が長岡のまちを巡っている。空襲から逃げ惑う市民が体に着いた火を消すために川に飛び込み、死没した記憶を持つ。しかし、現在市民の生活の身近にある柿川が空襲の意味を持たせていないただの川であるのが現状である。

　都市の記憶を活かすために、柿川に眠る空襲の記憶を最大限に引き出し、空襲時の長岡市民の感覚的な傷跡を感じる「戦災資料館」を提案する。建築の処方は、敷地の記憶に従う建築構成とする。まず、柿川の記憶に従い、地下へ落とし込む動線計画とする。壁は動線に面するようにずらしを与えながらな配置し、視線の遮断を図る。先の見えない動線は空襲時の逃げ惑う長岡市民の記憶に由来する。

　西日を受ける白壁は追悼空間を真っ赤に染める。逃げ延びた先に見る焼野原を想起させるこの建物と既存の街が対置され、全てが西日で赤色の風景に変換させるシンボル空間としている。

　柿川沿いと施設内を巡り変容する空間の中で、かつて長岡市民が被弾し続けた100分間を感覚的に感させる。空襲を経験したことがない人たちが過去の記憶に感情移入し、後世へ永遠に受け継がれることを望む。

---

## Comment – 講評 –

　長岡市は戦災復興都市である。戦後70年以上が経過し、故郷の戦災の記憶を未来へ引継ぎ、伝えるまちづくりに取り組んだ意欲作である。市域には、信濃川が南北に流れ、柿川が街中を巡り、その存在が埋もれている。他の戦災跡地も点在しているが、まちの歴史・文化を取り込み、新たなまちの魅力づくりのために、文化交流施設と戦災施設を融合させ、リバーサイドに新たな河川景観を創出する街並み形成型の建築を提案した優れた作品である。

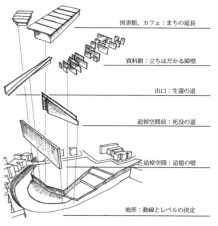

図書館、カフェ：まちの延長

資料館：立ちはだかる障壁

出口：生還の道

追悼空間前：死没の道

追悼空間：追憶の壁

地形：動線とレベルの決定

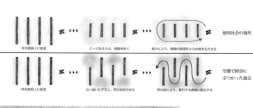

便利社会の現代

壁を敷地上に配置　エッジをそろえ、細線を抜く　橋により、動線の敷連性と自由度をもたせる

空襲で障害にぶつかった過去

壁を敷地上に配置　互い違いにずらし、壁の面をみせる　壁の面により、紆行する動線に限定する

敷地を川沿いと中央に分ける

２種類の異なる動線をつくる

GL−5000

川沿いのグラウンドレベルを落とす

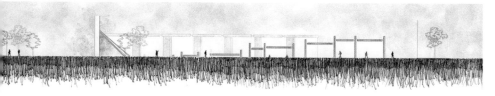

# 「結」の道結び舎が継ぐ、三陸泊地区のくらし

岩手県大船渡市泊区と東日本大震災の津波被害を受けた岩手県大船渡市三陸町越喜来泊区に、東海大学の学生団体3.11生活復興支援プロジェクトで関わったことから、まちの復興を研究対象とした。泊区は、58世帯・人口約200人、漁業を中心とした半農半漁のくらしを営む。震災によって公民館や商店などが集まる地区の中心部25世帯が流失し、復興計画が進められている。

大船渡市役所三陸支所や診療所、教育施設などは浦浜地区を中心に「越喜来」の単位で町が構成されている。

大船渡市の吉浜地区では、明治三陸大津波以降の自主的な高台移転と低地部の農地利用によって大きな被害には至らなかった。

高台と低地の使い分けと、後世に繋いだ取り組みが津波との共生を可能とした。

本修士研究は泊区の集落構成と現状課題を調査・分析し、「津波との共生」をテーマとしながら、持続可能な復興まちづくりの提案を目的とする。

また「招く」という付加価値を加え、地域ブランドの発信・創造とUIターンのきっかけを狙いとして、新たな土地利用を示す。

復興は、漁業関連施設、住宅、公民館の再建と津波跡地再生が主な課題となる。

仮設公民館の建設を初期に行い、生活基盤となる高台移転計画を優先的に進め、現在は本設公民館の建設が行われた。一方、津波跡地の土地利用方針は未だ決まらず住民の関心が高っている。

現在、高台移転によって東西に分断された。また、水田の流失で、半農半漁の食文化が失われ、暮らしの再生が課題となる。

地域の核となる漁業と生活、海と高台と繋ぐ拠点は計画されていない。泊区に対しては、学生団体である「東海大学チャレンジセンター3.11生活復興支援プロジェクト」をはじめ、「NPO法人アーバンデザイン研究体」、障がい者活動の「地元団体NPO法人さんりく・こすもす」などが関わり支援してきた。

そこで、菜園化計画を立案し、三者による「結」のまちづくりを推進する。食文化の再生として、津波跡地を菜園化する。しかし、高齢化した地域の力だけでは難しいため、各ボランティア団体を通じた人材派遣による整備協力体制を構築し、一時的な外来者に対しては「農」や「漁業」体験の場所として開くことで、豊かな食文化の再生・発信と「招く」仕組みをつくる。

交流拠点「結び舎」の創設、直売所、共同の調理場、多目的スペースを主な機能とし、住民に対しては生活の基盤施設、ボランティア団体に対しては活動拠点、観光客に対しては地域の玄関なる。

建築計画では、直売所、共同作業場などの空間をフレキシブルな大スパン空間に適応可能なシステムを採用している。

津波到達境界は浸水時における境界線であり、地域の動線と土地利用を整備することで、津波との共生を可能とする。

本計画では、「結」の道と「結び舎」が連動させ、津波との共生が可能な津波跡地再生の手法を明らかにできた。

## Comment - 講評 -

東日本大震災の被災地の泊地区は半農半漁の集落である。災害復興は、暮らしとなりわいの再生が必須で、高台移転が先行し、公共施設が整備された。しかし、津波被災エリアは放置され、その活用が待たれた。このプロジェクトは、漁業と農業を中心になりわいを再生して、泊地区の交流拠点の提案である。木造建築による連続した大空間の基で多様な場が発生するように計画され、津波被災地のまちを再生して行く提案である。

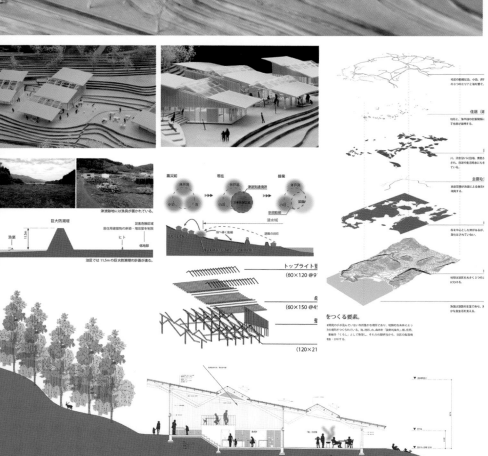

津波跡地には漁具が置かれている。

震災前　現在　提案

津浪到達経路

浸水域

巨大防潮堤

漁業　災害危険区域　原住用建築物の新築・増改築を制限

ヒト　低地部

11.5m

○地区では 11.5m の巨大防潮堤の計画が進む。

トップライト型
(60×120 @9

(60×150 @4

(120×21

住居（

主要な

をつくる要素。

181

# 卒業設計を通して

卒業設計のテーマとして「少年院」は資料が少なく、現状の問題を把握することも困難であった。しかし施設を見学する機会にも恵まれ、自分の思い描く社会に対する答えを早い段階で明確にできた。

卒業設計展に、出展して
作成中はパネルや模型のことに集中をしていたが、学内の TD・KD 賞に始まり、JIA 神奈川や福岡デザインレビューに、出展したことにより自分自身の作品を俯瞰して見ることができた。学内において TD・KD 賞を、受賞できたことは自信につながった。その後、実施された JIA 神奈川ではプレゼンの仕方を振り返ることができた。一次審査では当落線上の中、一人の審査員が強く推選していただき二次審査にかろうじて進む事ができ、そこも突破した後の最終審査では、決して提案した少年院が現実的ではなかったかもしれないが、最終的に審査員の方に「現実にできたら良いかもしれない。プレゼンの仕方、人間性に掛けてみたら本当に現実になるかもしれないと思わせた」というコメントをいただいた。それは意識していた訳ではないが、問題意識から生まれた作品に対する想いが届いたのだと感じ、プレゼントいう伝える事の面白さを知った。
また、福岡デザインレビューでは問題意識からの回答が正しい訳ではないこ

とに気づくことができた。壁というマイナスイメージを持ちながらも提案で
は多くの壁（街壁）を配置していることに審査員の方は疑問を持たれた。確
かに壁という形態に固執していたのかもしれない。壁ではない手法で少年院
と街を分けて、繋げるという回答もあることに気づかされた。中途半端に現
実的な部分と理想が混じり合っており、もっと自分の理想を提案することも
重要だと感じる事ができた。

社会人となった今思うこと
社会人になり設計の道を歩む中で、プロジェクト進行の難しさに直面するこ
ともある。その中で、上記のような体験をふまえ、今はその難しさも楽しむ
ように考えている。それは、最終的に私を成長させてくれる問題であると思
うからだ。プレゼンにしても同じ方法で喜んでくれる施主もいれば納得され
ない施主もいる。そこにプレゼンの難しさがあると同時に人間関係の楽しさ
もある。そのような体験の基盤にあるのが卒業製作だった。また、社会に出
ると必ず着いて回るのが時間であり、卒業制作でも自分をマネジメントする
ことが求められる。そのため、時間管理については社会に出てからも求めら
れるものであり、卒業製作の意義がここにもあると思う。

10期 中津川 毬江

Chapter

# 7

アーカイブ

- 研究業績の記録集 -

# I. 研究室の研究業績

| 名前 | タイトル | サブタイトル |
|---|---|---|
| 2005 年度 | | |
| 一期生卒業設計 | | |
| 井手翔吾 | 楽芸学座 | 座の再生によるまちづくり |
| 信田健太 | GROOVE NET | 都市創発の源泉 |
| 森屋隆洋 | 永遠の現在 | |
| 小宮匠 | Community Core | |
| 木村基 | 「ODAWARA Gateway」 | 海と街をつなぐ交流コネクターの提案 |
| 細田達也 | コンティニュー | スティールネットによる災害仮設建築群システムの構築 |
| 安部竜也 | Mediation | Environmental experience type city park |
| 鴫原憲法 | 小田原デザインセンター | 文化資産「海軸」の発見と構築 |
| 藤村悟 | サイカチメモリ | 武家屋敷街におけるコミュニティーのための建築空間の提案 |

| 2006 年度 | | |
|---|---|---|
| 二期生卒業設計 | | |
| 鈴木 英晃 | Various | アートサイドコミュニティ |
| 竹間 久敦 | 流景 | ひらつか港文化を創生 |
| 杉 和也 | HIRATUKA CITY EXPERIENCE | 都市の経験価値 |
| 板倉 忠洋 | 編重された【環】 | 平塚湘南海岸スポーツコミュニケーションパーク |
| 橋井 慶 | カラダデ聴クトイウコト | 知覚される湘南の音風景 |
| 笹部 靖浩 | community plant | 平塚コミュニティープラント |

| 2007 年度 | | |
|---|---|---|
| 三期生卒業設計 (平塚) | | |
| 岩井 徹郎 | 平塚メディアデザインコンプレックス | |
| 菰田 裕太 | Plants Plant | 生産から生活の環 |
| 小平 奈美 | ローズ ミュージアム | ひらつかと花とふれあい |
| 青木 仁美 | つながるいのち | 交流をはぐくむ里山体験公園 |
| 志村 俊樹 | ぶ.ん.か.み.ち再生 | 旧火薬廠引き込み線跡再考計画 |
| 稲積 俊明 | 平塚デザイナーズコア | 集まる可能性 |

| 三期生卒業設計（秦野） | | |
|---|---|---|
| 大貫　由貴 | げんきっずぱーく | 子供のための職業体験公園 |
| 田中　恵美 | 舞・Way | まちをつなぐダンスストリート |
| 宮本　達弥 | Community Station | 世代間交流 |
| 秋岡　雄一 | アグリカルチャーリサーチコア | 増殖する農 |
| 嘉村　知恵 | 本の風景 | まちに広がるくらしの物語 |
| 岸　勇樹 | 遊・学・環 | 地域保育とコミュニティー施設の複合 |

| 一期生修士設計 | | |
|---|---|---|
| 安部　竜也 | 記憶の継承 | 小田原城跡フィールドミュージアム |
| 鴫原　憲法 | 横浜市境之谷における住宅地個別更新計画 | |
| 信田　健太 | 会離の水楼 | 都市における墓地建築のプロトタイプ |
| 龍村　悟 | 小断面部材による木造建築の提案 | |
| 森屋　隆洋 | 再帰的住居開発 | 玉川学園における個からの再編成 |

| 2008 年度 | | |
|---|---|---|
| 四期生卒業設計 | | |
| 阿倍　順葉 | あいまい | 中間領域でつながる住まいの共生体 |
| 石井　浩貴 | 黄金町ライフデザインセンター | 「ちょんの間」から「きょう（共）の間」へ |
| 古井戸　篤史 | 斜交立体都市 | 斜めに繋がる空間を用いた複合文化施設 |
| 坂本　大紘 | 疎密景 | 線の密度感による野毛コミュニティセンター |
| 高橋　秀太 | 立ち上がる都市 | 新横浜を集積した高層建築 |
| 田村　友里 | 坂の上のヨウチエン | 幼稚園を開放することで地域コミュニティの再生 |
| 松坂　綾子 | モノガタリの記憶 | 瀬谷まるごと民話博物館 |
| 山浦　祐介 | CHANGE | 黄金町文化交流観光センター |
| 山口　雄介 | 群路 | 路地広場空間の群生によれる伊勢佐木町再生計画 |

| 二期生修士設計 | | |
|---|---|---|
| 板倉　忠洋 | 輪中モデルによる水園都市 | Water Park City Development adopted WAJYU Model |
| 杉　和也 | HAKEI | Design of port Architecture where Architecture is Harmonized with Ground design |
| 橋井　慶 | スペース ジャム セッション | 山下埠頭倉庫のコンバージョンによるミュージックスタジオ |

| 2009 年度 | | |
|---|---|---|
| 五期生卒業設計 | | |
| 久保田　将 | 抜ける建築 | ランドスケープと視線の抜け |
| 親松　直輝 | ずーれっく | 過去からつながる環境動物園 |
| 北田　明穂 | となりにくるむかし | 山里文化のカルチャーパーク |
| 小林　峻 | 距離錯綜体 | ズレを用いた横浜アートミュージアム |

| | | |
|---|---|---|
| 篠原 佑典 | 光帯交壁 | |
| 瀬谷 匠 | 都市の再起 | 市場からの文化観光交流の創造 |
| 奈良 由加 | アメリカ山立体複合都 | 元町から山手へ繋がる複合施設 |
| 濱田 龍二朗 | 複層田園都市 | 可変型集住モデルによる柱と農の共存 |
| 原田 絵里子 | ともいきの家 | おぎない合うコミュニティの形成 |
| 鞭木 崇人 | 趣室群集体 | |
| 山縣 諒太 | House of Meeting and Issur | 地域で考え世界に発信する国際学生会館 |
| 山脇 仁美 | じゃんぐるようちえん | 遊具に溶けこむ育児空間 |
| 渡邊 建夫 | つながる風景 | 紅葉ヶ丘文化エリア再編計画 |
| 渡邉 智美 | Ensemble Village | 重奏する音楽のまち |
| 井手美祐紀 | Creative community | 馬車道通り活性化計画 |

| | | |
|---|---|---|
| 二期生修士設計 | | |
| 小森 覚 | 木造建築による農業交流施設 | アグリカルチャーパーク |
| 岩井 徹郎 | ファストシティ | ファスト機能に着目した創造都市拠点構想 |
| 菰田 裕太 | 邸園の継承 | 藤田邸における更新計画 |
| 志村 俊樹 | 丘景 | 平楽の丘の木密住宅地の再編 |
| 宮本 達弥 | ウィルソン株の巣的<br>空間モデルによる建築提案 | |

| | | |
|---|---|---|
| 2010 年度 | | |
| 六期生卒業設計 | | |
| 稲葉 諒 | 雲積乱景体 | ODAWARA Artscape Museum |
| 石塚 英樹 | にぎわいの舞台 | 小田原を体感する文化観光交流センター |
| 玉井 秀樹 | 蘇る記憶の風景 | 歴史都市佐原における観光交流拠点 |
| 伊藤 匠 | 路地の記憶 | 断面抽出操作による裏路地再編計画 |
| 黒木 未来 | 音蔵 | 伝え響くかたち |
| 櫻井 愛 | もりのおはなし | まくやまにとけこむ Nature Center |
| 影沢 英幸 | 彩石の器 | 道無海岸採石場跡地活用計画ー |
| 浅見 雅士 | 流々 | うつろう断面の中で見つけたもの |
| 谷崎良介 | 自転車ミュースタジアム | 平塚駅西口駐輪場再編計画 |
| 千葉美希 | 73 のかさなり | サーフライフステーション |

| | | |
|---|---|---|
| 2011 年度 | | |
| 七期卒業設計 | | |
| 渡邉光太郎 | 漁師のいるマチ | 子安浜漁河再生計画 |
| 笹目宗 | ひとまち回廊 | |
| 山内昇 | ひとやすみの場 | こどもたちのためのレスパイトケアセンター |
| 下田奈祐 | Urban Agriculture Plant | 「食」「農」の繋がり |
| 田中祐也 | 津波からの再起 | 駅と融合する公民館 |
| 塩野俊介 | 川の流れのように | 八ッ場ダム建設中止を想定した川原湯温泉街再生計画 |

| | | |
|---|---|---|
| 川崎優太 | コミュニティウォールで<br>つながるまち | ひたちなか市表町商店街再生計画 |
| 中澤亨 | ドッグラーニングセンター | |
| 熊崎雄大 | かわのミチシルベ | |
| 秋田彩絵 | インタージェネレーション<br>パレット | |
| 狩野翔太 | アウラを重ねた建築 | 木洩れ日空間を用いた Shibuya Culture Museum |
| 堀江亮太 | ふれあいの丘 | 川崎愛児園建て替え計画 |
| 米山春香 | 艶のある建築 | 美を伝承する横浜シルクセンター |
| 桜井寛 | 隙間が生み出す街の虚景 | クレショフ効果を用いた<br>Yokohama landscape movie museum |

| 五期修士設計 | | |
|---|---|---|
| 井手美祐紀 | 絵のない美術館 | クロード・モネ「睡蓮」から読み解く刻々と変わる<br>光の体験空間 |
| 親松直輝 | 斜林 -Syalin- | 新小田原漁港における産業観光文化交流拠点<br>「海の駅」の提案 |
| 篠原佑典 | 遮蔽縁に着目した空間の絞り操作に<br>よる建築提案 | 空間認識が揺動する根岸グラフィティアート<br>ミュージアム |
| 瀬谷匠 | 多層の木質建築の設計 | 横浜ウッドデザインセンター |

| 2012 年度 | | |
|---|---|---|
| 八期卒業設計 | | |
| 萩原啓史 | 蔵屋敷の継承 | 屋根につながる大間々町ものがたり館 |
| 髙橋瑛大 | 最小限居住 | 現代社会を疑う空間のものさし |
| 井坂美貴 | 建築の遊具化 | 口型キューブを用いた仮設幼稚園 |
| 森翔馬 | 追憶の建築 | 瞬間の美を可視化した夢の島セレモニーホール |
| 長谷地茉莉菜 | シャミセンター | |
| 齋藤啓介 | 褪せる記憶を紡ぐ場所 | 滲みを用いた M.M.Diigital Culture Museum |
| 柴田彩花 | 工場着を着た人が歩くまち | 羽田ファクトリーミュージアム |
| 石川雄斗 | 駿河工芸センター | 都市と文化を繋ぐ格子建築 |

| 六期修士設計 | | |
|---|---|---|
| 浅見 雅士 | 重心の動きに着目した透層性のある<br>ペンシルビル形状の建築提案 | 垂直方向の連動性をもつ渋谷コワーキングスペース |
| 石塚 英樹 | 距離感操作に着目した空間のズレに<br>よる集合住宅の提案 | 離散と連続の共存により創出される生活のつながり |
| 伊藤 匠 | 交流の駅 | 平沼駅跡地活用計画 |
| 影沢 英幸 | あふりを想う道 | 伊勢原市大山地区コマ参道エリアの編集 |
| 川崎智 | 木質耐震補強による<br>廃校再生計画 | 木育拠点施設「木溜まり体験館」 |
| 玉井 秀樹 | 京橋のアイデンティティを<br>継承する都市建築 | 復興小学校の保存を想定した八重洲二丁目<br>北街区の再編 |

| 2013 年度 | | |
|---|---|---|
| 九期卒業設計 | | |
| 佐々木翔 | 界漂 | Life Style Creation Center |

| | | |
|---|---|---|
| 青木香菜子 | 私の家の未来 | 三世代住宅の提案 |
| 本間聖崇 | あわいの先に | ホワイトアウトを用いた雲のような葬祭場 |
| 金子知愛 | 路地を抜けたら、、、 | 裏で繋ぐどぶ板通り |
| 土方拓海 | あそんで、まなんで | 遊びで育む幼稚園 |
| 新井千瑛 | 多世代交流コミュニティセンター | 小田原文化で繋がるコミュニティの形成 |
| 北村海 | Green Farm Garden | 農のあるライフスタイルの交流空間 |
| 樋田卓哉 | サザンビーチセンター | 茅ヶ崎における防災機能を備えたコミュニティー施設 |
| 本田梨奈 | ちえぶくろかふぇ | ちえで繋ぐコミュニティセンター |
| 林健太郎 | BellMare Town | 平塚におけるサッカーコンプレックス施設の提案 |
| 笠間友樹 | 水廊 | 蘇る六郷用水の路 |
| 木村翔太 | Golf Learning Center | こどもと大人を結ぶ場所 |
| 北島圭 | 日常に異文化を | ヴォイドで出会う『鎌倉一食一』からの交流 |

| 七期修士設計 | | |
|---|---|---|
| 狩野翔太 | 現代における装飾性のある建築 | 線型の流れを用いた都市型斎場 |
| 熊崎雄大 | 石層の鎧 | 奥入瀬渓流ビジターセンター |
| 笹目宗 | 谷嚢 | 横浜市西之谷町における谷戸型密集市街地の再編 |
| 塩野俊介 | 谷場に水楼 | 流通材を用いた木質建築の提案 |
| 下田奈祐 | 「結」の道 | 結ぶ舎が継ぐ、三陸・泊地区のくらし |
| 山内昇 | 現代に紡ぐ農の暮らし | 農縁リビングを実現する竹造循環型建築の提案 |
| 渡邉光太郎 | 知識の楔 | 身体性がつなぐ神保町書風景の継承 |

| 2014年度 | | |
|---|---|---|
| 十期卒業設計 | | |
| 辻川巧 | マチの綻び | 不完全がつくりだす Nippori Co-Creation Atelier |
| 小林拓人 | MO(U)RNING | 群化に着目した連続性を持つ葬祭空間 |
| 山中文睦 | おぼろげな輪郭トつながりの帯が織り成す金沢文庫アートセンター | |
| 千葉康太 | 三道が繋ぐまち | 鶴見高架下参道計画 |
| 広瀬貴也 | 世紀の遺言 | 100年後真実を知るための資料館 |
| 金子健太郎 | 湯会み | 北千住における新たな銭湯の再編 |
| 中津川毬江 | 日常は壁一重 | |
| 村田幸優 | 草津ノ道標 | 行為が生み出すガイドセンター |
| 井上大輔 | 観るから学びへ | 水と人をつなぐ水族環境園 |
| 萩原有優 | 学びの冒険 | 自信へと導くフリースクール |

| 八期修士設計 | | |
|---|---|---|
| 石川雄斗 | 都市における木造高層建築の提案 | 木文化を継承する静岡ウッドセンター |
| 萩原啓史 | 築地場外市場の更新 | 都市の高度化を想定した路地空間の在り方 |
| 齋藤啓介 | 還幸の祈り | 深さに着目した建築設計手法の提案 |
| 森翔馬 | 建築の虚空 | 創造×想像領域による3次元的意識の引きを用いた学び舎 |

| 2015 年度 | | |
|---|---|---|
| 十一期卒業設計 | | |
| 楠見涌人 | The Roots | 生産者・消費者・研究者そして街が混じり合う |
| 福田将大 | 都市の種 | 人口農地による農村的共有空間 |
| 曽我匠 | 空中町屋建築の提案 | 街道文化の再生 |
| 内堀克哉 | 木漏れ日と交わる広場 | 蒸留所再生によるみよた文化を発信する庁舎 |
| 平尾圭賛 | 新たな鼓動 | 川崎ものづくりを継承する風景の創造 |
| 倉富雅 | 「Dock」風景の継承 | 前川と暮らしを繋げる桟橋建築 |
| 深尾日出海 | 臨場建築 | 死から生を想像する空間体験 |
| 松永磨璃子 | SAKE 蔵 | 太陽と潮風の街で生まれる日本的陰空間 |
| 佐藤萌々 | スガモ小テン街 | 異年齢交流の場としての郵便局 |
| 丸山拓 | 三保松原ビジターセンター | 芸術文化による活性化 |
| 村上真緒 | 個性に寄り添う建築 | LGBTQを個性と認めるクリエイティブセンター |
| 平山栄葵 | 経堂コドモセンター | 地域で育む保育の輪 |
| 山中くるみ | 暮音の風景 | 須賀湊における暮音ギャラリーの提案 |

| 九期修士設計 | | |
|---|---|---|
| 新井千瑛 | CLTを用いた木造建築の提案 | 茅ヶ崎複合交流施設 |
| 笠間友樹 | 森の工房 | 小田原ウッドデザインセンター |
| 北島圭 | Bamboo Cave | 竹組を用いたコミュニティダイニング |
| 木村翔太 | 衛生研究拠点 | パンデミックにおける研究施設 |
| 佐々木翔 | 余白 | 都市の余白を豊かにする商業空間の提案 |
| 林健太郎 | 上昇性のある多重建築 | 勝どきメディアセンターの提案 |
| 土方拓海 | 立川まち育センター | まちで育む、まちが育む。多世代交流施設 |

| 2016 年度 | | |
|---|---|---|
| 十二期卒業設計 | | |
| 磯部篤儀 | 郭大する居場所 | まちで育つこどもの場 |
| 花塚優人 | 壁を乗り越え未来へ | 場所と世代を結わく複合施設 |
| 中根弥緒可 | 映画ミュージアム | |
| 山本健人 | マチ巡る | マツダメディアステーション |
| 亀井順司 | Chigasaki Media Park | 美術と図書が交差する緑地公園 |
| 平吹達也 | テクノ・ヒルズ | 協創で織りなす住工調和 |
| 稲葉理夏 | 森の谷の浮き島 | |
| 上原一輝 | ひらつかサーフハウス | 海と街をつなぐビーチ文化の創造 |
| 山口竜生 | 隙間を紡ぐ | 田越川ラーニングセンター |
| 川根瞭太 | 丹下健三ミュージアム | 巨匠の遺産を守り、語り継ぐための箱舟へ |

| 十期修士設計 | | |
|---|---|---|
| 井上大輔 | 入り江の楼閣 | ジオツーリズムに基づいた真鶴のジオパーク拠点の提案 |
| 金子健太郎 | 断層の風景 | 茅ヶ崎で育まれる集の生活 |
| 千葉康太 | ラグビー MICE の創出 | 秩父宮ラグビー場建替えにおける広域型フィールドの提案 |
| 小林拓人 | (縁)取る建築 | 視覚的奥行きが揺動する建築空間の構築 |

| 2017 年度 | | |
|---|---|---|
| 十三期卒業設計 | | |
| 石川歩 | 折りなす壁が交わるとき | 新丸子駅前における Wall Street Architecture |
| 小松未依 | まちをつなぐ丘の図書館 | |
| 安田有希 | 自分で作る最小空間 | 建材としての竹材を考察する |
| 岩村亮 | 抜けのある建築 | 商店街における防火帯建築のコンバージョン |
| 末武大輝 | 生活文化交流館 | 積み上がる茅ヶ崎らしいライフスタイルの魅力 |
| 花田悠成 | Jiyugaoka depART | 商業と文化創造、硬直した 200 mの開放 |
| 田邊大岳 | 舟橋ー Hunahashi ー | 舟運復活への架け橋 |
| 沖田俊介 | 里まち遊学舎 | 鎌倉の里山環境から学ぶ場 |
| 小泉綾花 | イントロダクション | 芸術文化へ導くプロムナード |
| 片岡優太 | 青山ガラス美術館 | 透明性のある建築での距離の歪みと領域の創出 |
| 住吉優弥 | 追憶の 100 分間 | |
| 丹友輝典 | 小田原海なりわい交流センター | かまぼこ通り再生に向けて |
| 藤澤徹也 | 丘のまち学校 | 変わらないまち育てのカタチ |
| 髙橋和宏 | 『食』場町 | 松戸の歴史を紡ぐ川辺の居場所づくり |

| 十一期修士設計 | | |
|---|---|---|
| 村上真緒 | ココロを育てる群生 | ダイバーシティを大切にするスタディビレッジ |

| 2018 年度 | | |
|---|---|---|
| 十四期卒業設計 | | |
| 向井万幾 | 五反田花街芸文館 | 花街の名残海喜館の新たな提案 |
| 砂田政和 | シナガワトウダイ | 品川の個性を照らす建築 |
| 堀口大樹 | 武道九重 | 垂れ壁が断ち繋げる武道館 |
| 窪田帆南 | 重なる暮らしはぐくむ家 | 産前産後・地域でケアする子育てシェアハウス |
| 菊池黎 | 松田 SAKESTATION | 酒蔵再編による松田町の活性化 |
| 瀧沢友貴 | Hose promenade | 総合的に馬とふれあい、共存する町 |
| 伊藤秀峰 | 都市の聖地 | 銀座ビルを繋ぐ稲荷神社の継承 |
| 菊池健太 | 地方の小規模教会堂の再生と継承 | 神奈川県西部地区における2 つの小規模教会堂を中心に |

# 2. 研修先

**研究室研修旅行・夏合宿**

| | | |
|---|---|---|
| 0 期 | 2004 | 研究室立ち上げ |
| 1 期 | 2005 | 愛知県（愛知万博） |
| 2 期 | 2006 | 栃木県（那須塩原市・塩原温泉） |
| 3 期 | 2007 | 奈良県・京都（奈良市・京都市・宇治市） |
| 4 期 | 2008 | 熊本県（熊本市・八代市・日奈久温泉） |
| | | 夏合宿＠静岡県伊東市伊豆高原「傘風庵」 |
| 5 期 | 2009 | 北海道（札幌市・旭川市・小樽市）北海道大学・ |
| | | 東海大学旭川工舎・室蘭工科大学と研究交流会 |
| | | 夏合宿＠静岡県伊東市伊豆高原「傘風庵」 |
| 6 期 | 2010 | 京都府・奈良県（京都市・奈良市） |
| | | 平城遷都 1300 年祭会場視察 |
| | | 夏合宿＠静岡県伊東市伊豆高原「傘風庵」 |
| 7 期 | 2011 | 熊本県（熊本市・八代市）夏合宿＠静岡県寸又峡温泉 |
| | | 3.11 東北大震災発生 |
| 8 期 | 2012 | 長野県（軽井沢町・松本市・茅野市・塩尻市） |
| | | 夏合宿＠静岡県伊東市伊豆高原「傘風庵」 |
| 9 期 | 2013 | UDM シンポジウム：和歌山・奈良県（和歌山市・海南市・ |
| | | 田辺市・天川村・五條市・洞川温泉） |
| | | 夏合宿＠山梨県山中湖別荘 |
| 10 期 | 2014 | 群馬県・栃木県（富岡市・那須塩原市・塩原温泉） |
| | | 夏合宿＠静岡県小山町 |
| 11 期 | 2015 | 九州（福岡市・熊本市・八代市） |
| | | 夏合宿＠山梨県山中湖別荘 |
| 12 期 | 2016 | 奈良県・三重県（五條市・吉野町） |

夏合宿＠静岡県伊東市伊豆高原「傘風庵」

| 13 期 | 2017 | 岐阜県・石川県（岐阜市・高山市・金沢市） |
| | | 岩手県大船渡市三陸町越喜来へ参加 |
| | | 夏合宿＠静岡県伊東市伊豆高原「傘風庵」 |
| 14 期 | 2018 | 神奈川県小田原市・奈良県（奈良市・吉野町） |
| | | 夏合宿＠静岡県伊東市伊豆高原「傘風庵」 |

## 海外建築・都市研修旅行

| 0 期 | 2004 | 実施なし |
| 1 期 | 2005 | 第 1 回欧州研修（パリ市・バルセロナ市・ラノ市・トリノ市） |
| | | 建築学科主催海外建築研修・参加 |
| 2 期 | 2006 | 実施なし |
| 3 期 | 2007 | 実施なし |
| 4 期 | 2008 | 第 2 回米国研修（ニューヨーク市） |
| 5 期 | 2009 | 第 3 回中国研修（上海市） |
| 6 期 | 2010 | 第 4 回米国研修（シアトル市・タコマ市） |
| 7 期 | 2011 | 第 5 回欧州研修（フィンランド・オランダ・ドイツ・オーストリア・スイス） |
| | | 建築学科主催海外建築研修・参加 |
| 8 期 | 2012 | 第 6 回シンガポール研修（シンガポール市） |
| 9 期 | 2013 | 第 7 回米国研修（シカゴ市） |
| 10 期 | 2014 | 第 8 回台湾研修（台北市） |
| 11 期 | 2015 | 第 9 回米国研修（サンフランシスコ市） |
| 12 期 | 2016 | 第 10 回米国研修（ボストン市・ニューヨーク市・ピッツバーグ市・シカゴ市・シアトル市） |
| | | 建築学科主催海外建築研修・参加 |
| 13 期 | 2017 | 実施なし |
| 14 期 | 2018 | 実施なし |

# 3. 作品・受賞歴

**0期 2004**

**I期 2005**

・グッドデザイン賞2005

・信田健太：東海大学最優秀学士設計賞・TD賞、受賞

・小田原板橋マップ＠小田原TMO

・オリゴシ商店店舗改装設計＠小田原市

・茅ヶ崎アロハ住宅プロジェクト＠茅ヶ崎市

・SDレビュー2005「Ue+HOUSE]応募＠湯河原町

・銚子市魅力ある観光地トイレ計画作成＠銚子市

・小田原城下町ホールコンペ案応募＠小田原市

**2期2006**

・「平塚コミュニティデザイン研究体・HCDI研究活動」実施＠平塚市

・「塩原温泉まち歩きマップ」作成＠那須塩原市

・「花咲く物語に出逢える平塚宿」街歩きマップ作成＠平塚市

・「小田原ポケットパークコンペ応募案」応募＠小田原市

**3期2007**

・信田健太：東海大学最優秀修士設計賞・MD賞、受賞

・森屋隆洋：レモン画翠学生建築設計優秀作品展、出展

・菰田裕太：東海大学建築会デザイン賞・特別賞、受賞

・第I回平塚ビーチハウス「はがされた砂浜」建設＠平塚市

・「小田原城及び周辺の歴史的町並みのCG」作成＠小田原市

・「小田原市街角博物館・鳴々物館設計」実施@小田原市

・「横手大コミュニティ施設構想案」作成@飯能市

・「観光プロモーション実施提案・HCDI」報告書@平塚市


## 4期 2008

・松坂綾子：東海大学建築会デザイン賞・特別賞、受賞

・坂倉忠洋：東海大学最優秀修士設計賞・MD賞、受賞

・山口雄之：成績優秀賞・総長賞、受賞

・岩井撤郎：イシカワグループ住宅設計コンペ、入選

・第2回平塚ビーチハウス「海へと続く階段」建設@平塚市

・湘南邸園文化祭2008平塚会場実施@湯河原町

・「横浜市街並型共同住宅再生計画案」作成@横浜市

・「ビーチハウスをつくろう！」出版@東海大学出版会

・湘南HIRATUKA Creation Concert」開催・CD制作@平塚市

・ビーチハウス「砂浜の図書館」開催@横浜市金沢区海浜公園

・湘南ひらつか「竹燈祭」開催・HCDI@平塚市

・湘南ひらつか「駅どこどこマップ・お宝再発見！」HCDI開催@平塚市

・湘南ひらつか「サイクル＆ウォーク・海の手ワクワクめぐり」HCDI開催
　@平塚市

・「平塚市街なか観光シンポジウム開催HCDI」実施@平塚市

・日奈久温泉「場の力を活かしたまちづくり」提案@八代市


## 5期 2009

・篠原佑典：東海大学優秀学士設計賞・東海大学建築会デザイン賞・KD佳作、受
　賞・JIA神奈川卒業設計展、出展

・瀬谷匠：東海大学優秀学士設計賞、受賞　JIA神奈川卒業設計展、出展

・渡邉健夫：東海大学建築会デザイン賞・KD佳作、受賞

・第2回平塚ビーチハウスプロジェクト2009「海のえんがわ」建設＠平塚市

・「平塚市八幡大門通り活性化プロジェクト」実施＠平塚市

・「湘南邸園文化祭2009（平塚会場）」実施＠平塚市

・「吉田画廊UDM展示・UDM共催」実施＠横浜市


## 6期 2010

・浅見雅士：東海大学優秀学士設計賞、受賞　JIA神奈川卒業設計作品展、出展

・玉井秀樹：東海大学建築会デザイン賞・優秀賞、受賞

・稲葉諒：東海大学建築会デザイン賞・佳作賞、受賞

・藤沢宿まちづくり勉強会、藤沢本町白旗商店街のビジョンづくり作成

・静岡県「草薙総合体育館プロポーザルコンペ案（共同設計安井建築設計事務所）」TOP10、入選

・「大山温泉阿夫利の湯構想案」作成＠伊勢原市

・平塚八幡大門通り活性化プロジェクト「ぼんぼり」・「なりわい博物館パンフレット」作成＠平塚市

・「銀座・竹の花周辺景観計画」作成＠小田原市

・ビーチハウスプロジェクト2010「珊瑚ドーム」建設＠平塚市

・「宇陀松山地区まち歩きマップ」＠宇陀市


## 7期 2011

・瀬谷匠：東海大学最優秀修士設計賞・MD賞、受賞

・篠原佑典：レモン画翠学生建築設計優秀作品展、出展

・桜井寛：賞東海大学最優秀学士設計賞、受賞・TD賞、受賞 東海大学建築会デザ

イン賞・KD最優秀賞、受賞　JIA神奈川卒業設計展銅賞、受賞

・熊崎雄太：東海大学優秀学士設計賞、受賞　JIA神奈川卒業設計展、出展

　東海大学建築会デザイン賞・KD優秀賞、受賞

・山内昇：東海大学優秀学士設計賞、受賞　JIA神奈川卒業設計展、出展

・塩野俊介：東海建築会デザイン賞・KD優秀賞、受賞

・浅見雅士・影沢英幸・玉井秀樹：日本建築学会設計競技・関東支部、入選

・東海大学松前重義賞優秀団体賞、受賞　「3・11生活復興支援プロジェクト」

・ロハスデザイン大賞2011コト部門最優秀賞、受賞

　「どんぐりハウスプロジェクト」実施＠大船渡市＋石巻市

・AIAJAPANADesign Award、受賞

・「名取図書館どんぐり子ども図書室」建設＠名取市

・平塚大門通りプロジェクト「ぼんぼり」「大門市」「なりわい博物館マップ」作成

　＠平塚市

・四つ角商店街活性化プロジェクト「秦野ワイワイマップ」作成＠秦野市

・藤沢宿の地域資源を活かしたまちそだてプロジェクト「藤沢宿町屋・蔵め

　ぐりマップ」制作＠藤沢市

・「大山参道六町めぐり提案書」作成＠伊勢原市

・「泊区仮設公民館・どんぐりハウス」建設＠平塚市

・「泊区復興まちづくり研究・復興住宅モデル案」作成＠大船渡市

・吉田町プロジェクト「吉田町第1共同ビル310号室改修計画」作成＠横浜市

・「神奈川県西部地域みかん園地における農園施設提案」作成＠小田原市


## 8期 2012

・高橋瑛大：東海大学優秀設計作品・TOP9、入選

・石川雄斗：東海大学優秀設計作品・TOP9、入選

・森翔馬：東海大学優秀設計賞、受賞　JIA神奈川卒業設計展、出展

・斎藤啓介：東海大学優秀設計賞、受賞　JIA神奈川卒業設計展、出展

・塩野俊介、下田奈祐、渡邉光太郎「子安ネット＋3坪がつながる協同ハナレ」
　日本建築学会設計競技・関東支部、入選

・「どんぐりハウス」出版＠東海大学出版会

・よせぎの家プロジェクト・いこいの森「どんぐりハウス」「積み木の家」完成
＠小田原市

・「名取市図書館どんぐり・アンみんなの図書室」完成＠名取市

・茅ヶ崎市「湘南ベルマーレ・茅ヶ崎フットサルクラブハウス」完成＠茅ヶ崎市

・「吉田町防火帯建築改修」施工＠横浜市

・「大船渡市三陸町泊地区の防災集団移転事業（高台移転に伴う宅地の景観形
　成」作成＠大船渡市

・「泊コミュニティカフェ」提案＠大船渡市

・「秦野あきない物語りめぐりマップ」作成＠秦野市

・平塚大門通りプロジェクト「平塚大門通り三が日限定参道復活イベント」「ぼ
　んぼり祭り」「第2回大門市」「なりわい博物館」実施＠平塚市

・「芸術文化創造センタープロポーザル・安井建築設計事務所・共同研究」応募
　＠小田原市

・「藤沢市の地域資源を活かしたまちそだてプロジェクト「旧東海道藤沢宿まち
　そだて隊」実施＠藤沢市

・「京橋ものがたり館改修計画」実施＠東京都

・「遊行寺地区まち歩きマップ」＠藤沢市


**9期 2013**

・狩野翔太：第2回E&Gデザイン学生大賞・佳作、受賞　日本造園学会平成25年度

全国大会学生公開デザインコンペ・佳作、受賞

全日本学生建築コンソーシアム2013住宅設計コンペ・佳作、受賞　歴史的空

再編コンペディション2013・5位入賞　第4回JPM「夢の賃貸住宅」学生コンテ

スト2013　HOME'S賞、受賞

・塩野俊介：よせぎの家デザインコンテスト・奨励賞、受賞

・渡邉光太郎：第4回毎日DAS学生デザインコンペ、入選

・狩野翔太＋笹目宗＋渡邉光太郎：2013日本建築学会設計競技・関東支部、入選

　歴史的空間再編コンペディション2013・5位、入選

・狩野翔太＋渡邉光太郎：キルコス国際建築設計コンペディション2013・佳作、

　受賞

・下田奈裕＋塩野俊介＋渡邉光太郎：2012年度日本建築学会設計競技・関東支部

　入選

・下田奈裕＋山内昇：よせぎの家デザインコンテスト・最優秀賞、受賞

・下田奈裕＋渡邉光太郎：2013年度日本建築学会設計競技・東北支部、入選・全国

　佳作、受賞

・斎藤啓介：第45回毎日DAS学生デザインコンペ、入選　第11回主張する「みせ

　」学生デザインコンペ　株式会社乃村工藝社賞、受賞

・斎藤啓介＋森翔馬：2013年度日本建築学会賞越渓競技・関東支部、入選

・奈良県・奈良の木コンペ「奈良商館」・優秀賞、受賞

・3・11生活復興支援プロジェクト「泊に花を咲かせましょう」「復興ステーショ

　ン」「応急空間を考えるWS」実施＠大船渡市

・「泊区公民館実施設計」作成＠大船渡市

・「よせぎのデッキプロジェクト＠いこいのの森」施工＠小田原市

・「湘南みかん風のまち散歩マップ」作成＠二宮町

・「ローカルファーストが日本を変える」出版＠東海大学出版会

・「藤田商店街魅力発掘プロジェクト」実施＠国見町

・「道の駅基本構想案」作成＠国見町

・平塚大門通りプロジェクト「ぼんぼり祭り」「大門市」「なりわい博物館パンフレット第3弾制作」実施＠平塚市

・IKEYA名取プロジェクト「下増田地区児童福祉施設基本設計」作成＠名取市

・「山元町保育園プロポーザル㈱計画環境建築共同設計」応募＠山元町

・「多世代が集い協働するコミュニティハウス基本構想案（㈱計画環・境建築共同設計）」作成＠相馬市

### 10期 2014

・中津川鞠絵：東海大学最優秀学士設計賞TD賞、受賞　東海大学建築会デザイン賞　KD最優秀賞、受賞　JIA神奈川卒業設計展・金賞、受賞　デザインレビュー2015・末廣香織賞、受賞

・北島圭＋笠間友樹：歴史的空間再編成コンペディション50選、入選

・北島圭＋中津川鞠江：ものづくり学生サミット2014in湘南・最優秀賞、受賞

・村上真緒＋山中くるみ：国産材の積極活用提案「B5」最優秀賞、受賞

・佐々木翔＋広瀬貴也：国産材の積極活用提案「SHARKS」優秀賞、受賞

・笠間友樹＋村田幸優：国産材の積極活用提案「YKM」優秀賞、受賞

・「被災地と共に歩む」東海大学出版会

・Exhibition of Japanese Susutainabure Emergency Architecture for Disaater ＠フィリピン「どんぐりハウス」出展

・「泊区公民館」完成＠大船渡市

・「泊区仮設公民館」解体＠大船渡市

・湘南邸園文化祭2014「粋な温泉文化めぐり」実施＠湯河原町

・「よせぎデッキ＠いこいの森」施工＠大船渡市

・「中央商店街拠点整備案」作成＠相模原市

・「三浦町まち歩きマップ」作成＠三浦市

・平塚大門通りプロジェクト「大門市」「ぼんぼり祭り」実施＠平塚市

・「金時公園再生計画案」作成＠小山町


## II期 2015

・笠間友樹：JIA関東甲信越支部大学院修士設計展・佳作、受賞

・村上真緒：東海大学最優秀学士設計賞・TD賞、受賞　東海大学建築会デザイン
　賞・KD最優秀賞、受賞　JIA神奈川卒業設計展・銀賞、受賞

・内堀克也：東海大学優秀学士設計賞、受賞　JIA神奈川卒業設計展、出展

・倉富雅：東海大学優秀学士設計賞、受賞　東海大学建築会デザイン
　賞・KD賞佳作、受賞　JIA神奈川卒業設計展、出展

・井上大輔＋小林拓人：ものづくり学生サミット2015in湘南「おだちだ」・最優秀
　賞、受賞

・笠間友樹＋土方拓海：戸建住宅における太陽光発電に変わる再生可能エネル
　ギーの活用「YUK」・優秀賞、受賞

・北島圭＋林林太郎：踏み出そう"国際社会"へグローバルな人材を育てる学内
　環境とは「まりえとけいとはやし」・優秀賞、受賞

・「いこいの森バンガロープロジェクト」実施＠小田原市

・湘南邸園文化祭2015「粋な温泉文化めぐり」実施＠湯河原町

・「有田市レストランプロジェクト構想案」作成＠有田市

・3・11生活復興支援プロジェクト2015「結っ小屋」「ウッドデッキ」建設＠大船渡市

・茅ヶ崎ローカルファーストプロジェクト「空き店舗の再生」施工＠茅ヶ崎市

・日本建築学会大会(関東)2015「湘南地域連携プロジェクト」実施＠平塚市

## 12期　　2016

- 小林拓人：東海大学最優秀修士設計賞・MD賞、受賞　全国修士設計優秀作品展、出展　レモン画翠建築設計優秀作品展、出展
- 稲葉理夏：東海大学最優秀学士設計賞・TD賞、受賞　東海大学建築会デザイン賞・KD賞優秀賞、受賞　日本建築学会優秀卒業設計展、出展　JIA神奈川卒業設計展、出展　近代建築・掲載
- 亀井順司：東海大学優秀学士設計賞、受賞　東海大学建築会デザイン賞・KD優秀賞、受賞　レモン画翠学生卒業設計優秀作品展、出展　近代建築・掲載
- 井上大輔：ものづくり学生サミット2016in湘南「SK-II」最優秀賞、受賞
- 小松未依＋向井万幾：ものづくり学生サミット2016in湘南「mame」優秀賞、受賞
- 小泉綾花：ものづくり学生サミット2016in湘南「まじめチーム」奨励賞、受賞
- 片岡優太＋高橋和宏：ものづくり学生サミット2016in湘南「TIKKA」・優秀賞、受賞
- 沖田俊介：ものづくり学生サミット2016in湘南「MEZU」・奨励賞、受賞
- 岩村亮＋石川歩：ものづくり学生サミット2016in湘南「F+AN01」・優秀賞、受賞
- 安田有希：ものづくり学生サミット2016in湘南「土建S」・奨励賞、受賞
- SLAB community 開催@東京
- 3・11生活復興支援プロジェクト2016「結の道施工」「石巻市相川・小指地区小指観音堂建設」@石巻市
- 「和田河原・塚原地区まちづくりWS」参加@南足柄市
- 茅ヶ崎ローカルファーストプロジェクト「ローカルファーストショップ」運営@茅ヶ崎市
- 里まち創生事業「松田町やどりきまち歩きマップ」作成@松田町
- 木造3階建小学校基本構想案作成@松田町
- 湘南邸園文化祭2016「粋な温泉文化をめぐる」実施@湯河原町

## 13期 2017

・住吉優弥：東海大学最優秀学士設計賞・TD賞、受賞　日本建築学会優秀卒業設計展、出展　JIA神奈川卒業設計展、出展　近代建築・掲載

・小松未依：東海大学優秀学士設計賞、受賞　東海大学建築会デザイン賞・KD賞2位、受賞　JIA神奈川卒業設計展、出展　最優秀成績賞・松前重義賞、受賞

・窪田帆南：東京建築士会。住宅課題賞、入選

・窪田帆南＋近藤美鈴：ものづくり学生サミット2017「湘南キャンパスに展望タワーをつくろう・まるまるたてもの」最優秀賞、受賞

・3・11生活復興支援プロジェクト「結の花湯」建設＠大船渡市「相川・小指ウッドデッキ施工」実施＠大船渡市

・茅ヶ崎ローカルファーストプロジェクト「シンポジウム」参加＠茅ヶ崎市

・湘南邸園文化祭2017「粋な温泉文化をめぐる」実施＠湯河原町

・「和田河原・塚原地区まちづくり」報告書作成＠南足柄市

・「松田町立小学校建て替え基本構想案」作成＠松田町

・「観光交流拠点基本設計案・㈱計画環境建築共同設計」作成＠宇治田原町

・有田市5つ星プロジェクト「港町のまちあるきマップ」作成＠有田市

・「JIA神奈川・横浜市都市木造の展示」参加＠横浜市

・「公共施設再編計画報告書」作成＠南足柄市

・「新松田駅再開発模型」作成＠松田町

・「キヅカイのケンチク」出版＠東海大学出版部

・SLAB community開催＠東京

### 14期 2018

・伊藤秀峰：東海大学優秀学士設計賞、受賞　神奈川卒業設計展、出展

・窪田帆南：東海大学優秀学士設計賞、受賞　JIA神奈川卒業設計展、出展

・「茅ヶ崎ローカルファーストシンポジウム」参加＠茅ヶ崎市

・湘南邸園文化祭2018「粋な温泉文化をめぐる」実施＠湯河原町

・「松田町女性活躍ワークショップ」参加＠松田町

・平成の城下町・宿場町構想報告書＠小田原市

・最終講義「木造建築とローカルデザインの研究」開催＠千代田区霞が関

杉本洋文

**■生年月日**
1952 年神奈川県生れ

**■学歴**
東海大学大学院工学研究科修士課程修了（76）

**■職歴**
**大学・NPO・その他**
東海大学工学部建築学科特任教授（18）
東海大学工学部建築学科教授（04 〜 17）
東海大学チャレンジセンター・3.11 生活復興支援 P プロジェクトアドバイザー
（07 〜 18）
関東学院大学非常勤講師（12 〜 16）
十津川高校非常勤講師（13 〜 19）
東京大学非常勤講師（08）

**企業団体**
一般社団法 A・A 国際協力支援協会理事（20 〜現在）
NPO 木の建築フォラム代表理事（19 〜現在）
NPO 木の建築フォーラム理事（13 〜 18）
三井共同建設コンサルタント㈱顧問（19 〜現在）
NPO おだわら名工舎顧問（15 〜現在）
一般社団法人ローカルファースト財団副理事長（13 〜現在）
NPO チルドリン顧問（13 〜現在）
一般社団法人デザインコンサルタント協会会員（10 〜現在）
一般社団法人日本デザインコンサルタント協会・ＤＣＡ理事（11 〜 12）
NPO アーバンデザイン研究体理事長（10 〜現在）
湘南建築センター顧問（12 〜 15）

木活協「木材活用を推進する検討会」委員（13 ～ 17）
湘南邸園文化祭連絡協議会顧問（09 ～現在）
NPO 小田原まちづくり応援団副理事（01 ～現在）
㈱計画・環境建築社員・所長・社長（76 ～ 03）
㈱計画・環境建築会長（04 ～現在）


## 国関係

□厚生労働省
　「卓越した技能者表彰」審議会会長（17 ～現在）
□林野庁
　森林研修所講師（13 ～現在）
□国交省
　「官庁施設における多様な木造建築の整備手法等に関する検討会」委員（17
　～現在）
　「官庁施設における木造耐火建築物の整備手法の検討会委員（11 ～現在）
　国土交通省大学校講師（11 ～現在）
　木造計画・設計基準検討会委員（10）
　木質系複合建築技術検討委員会委員（03）
□気象庁
　入札監視委員会委員（05 ～現在）
□内閣府
　「地方自治体の公民連携推進のための手法研究会」委員（14）
□海上保安庁
　入札監視委員会委員（05 ～ 14）
□通産省
　商店街よろず相談アドバイザー（14 ～現在）
　中心市街地商業活性化アドバイザー（商店街）（10 ～ 13）
　商業活性化アドバイザー（10 ～ 13）

**行政関係**

□神奈川県

　神奈川県地域商業ブランド確立総合支援事業補助金に関わる選考会委員
　（12〜16）

　神奈川県商工観光流通課アドバイザー（11 〜 16）

□小田原市

　小田原文化振興審議会会長（20 〜現在）

　小田原市商工会議所「平成の城下町・宿場町構想」会長（17 〜 19）

　小田原総合計画審議会委員（10）

　政策戦略アドバイザー（10 〜 20）

　小田原市政策総合研究所上席研究員（00 〜 02）

□南足柄市

　公共施設審議会（18 〜 19）

　公共施設再編検討会代表（18 〜 19）

　都市計画審議会会長（07 〜現在）

　建築審査会会長（07 〜現在）

□中井町

　なかい戦略みらい会議会長（15 〜 19）

□秦野市

　文化会館運営委員会委員（15 〜 21）

　総合計画審議会委員（10）

　都市計画審議会会長（07 〜 13）

　まちづくり審議会委員（07 〜 15）

　景観まちづくり審議会委員（05 〜 15）

□平塚市

　建築審査会会長（13 〜現在）

　建築審査会委員（09 〜 13）

　都市計画審議会会長（08 〜現在）

　平塚市都市計画マスタープラン座長（06 〜 08）

　平塚コミュニティデザイン研究体所長（07 〜 08）

□茅ヶ崎市

　豊かな長寿社会に向けたまちづくり検討委員会副委員長（13 〜 14）

　地域創生懇話会会長（15）

□静岡県 小山町

　景観審議会委員（18 〜現在）

　政策アドバイザー（14 〜 19）

　観光振興推進会議委員（14 〜現在）

□福島県 国見町

　歴史を活かしたまちづくり検討会委員（14 〜現在）

　地方創生有識者会議委員（15 〜 16）

　都市計画審議会会長（13 〜 16）

　活力あるまちづくり検討会会長（13 〜 16）

□奈良県

　平城遷都１３００年記念事業会場整備プロデュサ-（05 〜 10）

　奈良の木大学講師（15 〜現在）

□愛知県

　愛・地球博・地球市民村建築会場ディレクター（03 〜 05）

□和歌山県 有田市

　地方創生プロジェクト「五つ星プロジェクト」プロデュサー（16 〜 18）


■受賞歴

□国土交通大臣表彰

　都市計画法・建築基準法 100 周年記念「都市計画部門」（19）

□全国建築審査会表彰

　第 26 回全国建築審査会会長会議（19）

□景観まちづくり活動・教育部門・特別賞「都市景観の日」実行委員会会長

　賞湘南邸園文化祭連絡協議会（20）

□日本建築学会作品選集

　流星庵（11）

　道の駅・みかも（07）

高尾森林ふれあいセンター（04）

奥津温泉・花美人の里（01）

幕張高等学校（89）

□日本グッドデザイン賞

流星庵（11）

塩原温泉・湯っ歩の里 (07)

高尾森林センター（04）

□木材活用コンクール優秀賞

どんぐり子ども図書室（13）

流星庵（10）

□木の建築賞優秀賞

流星庵（11）

道の駅・みかも (07)

□木質建築空間デザインコンペ優秀賞

高尾森林ふれあいセンター（04）

□日本建築家協会作品選集

山安鎌倉店（12）

道の駅・みかも（07）

塩原温泉・湯っ歩の里 (07)

□全国街路事業コンクール特別賞、受賞

和歌山県田辺市銀座商店街（07）

□和歌山県ふるさと景観賞、受賞

和歌山県田辺市銀座商店街（07）

□日本政策学会計画賞

小田原千年蔵構想（03）

□ SD レビュー入選

秋川ファーマーズセンター（93）

□ウッドデザイン賞

道の駅「足柄・金太郎のふるさと」（20）

## ■著書

- □ 「キヅカイのケンチク」東海大学出版部（17）
- □ 「どんぐりハウス」東海大学出版会 (13)
- □ 「ローカルファーストが日本を変える」東海大学出版会（13）
- □ 「被災地と共に歩む」東海大学出版会（12）
- □ 「復興まちづくりの知恵袋」ＮＰＯアーバンデザイン研究体（11）

## ■出筆

- □ 「地域創生は公共施設の木材利用で！」全国市長会機関誌「市政」（16）
- □ 「木造建築時代の到来中・大規模木造建築の可能性と展望」日本住宅新聞 6回連載（15）
- □ 「森と人の共生を考える」ナショナルジオグラフィックス（14）
- □ 「木の空間でおもてなし」家具新聞（14）
- □ 「木づかいの建築―その1〜4」一般社団法人建築研究振興協会（13）
- □ 「復興まちづくりの知恵袋（高台移転編）」ＮＰＯアーバンデザイン研究体（12）
- □ 3.11生活復興支援プロジェクト「どんぐりハウス」一般社団法人建築研究振興協会（12）
- □ 「木造の復権に向けた現況と課題」財団法人経済調査会（11）
- □ 「多様なまちづくりの萌芽」神奈川県経済振興中央会（11）
- □ 「木造建築のデザインを考える」公共建築（10）
- □ 「木造建築の魅力と可能性」㈱新建築社（07）
- □ 「竹の建築」東海大学研究紀要（05）
- □ 「マチとモリをつなぐ」㈱新建築社（03）
- □ 「'き'づかいの建築」日本建築家協会（99）

## ■講演

- □ イベント学会大会研究発表「木造都市を目指す」＠イベント学会（20）
- □ 「地域材を活かした中・大規模木造建築」＠奈良県（20）
- □ 「天竜の木材をどう生かすか〜モリとマチをつないでつくる〜」＠静岡県(20)

□ 「何のために木を使うのか？〜地域材を活かした中・大規模木造建築〜」
　　@江戸川区（20）
□ 「景観まちづくりが住みたい街を実現する！〜選ばれるまち、住み続ける
　　まちの景観まちづくりとは？〜」@平塚市（19）
□やまがた森林ノミクス「地域材を活用した建築物が地域を豊かにする—モ
　リとマチをつないでつくる—」@山形県（19）
□ 「人口減少に対応したまちづくり〜公共施設の再編について〜」
　　@南足柄市（19）
□県産材利用セミナー「地域材を活かした木造の公共施設をつくる」
　@静岡県（18）
□ 「木を活かした公共施設のありかた」@奈良日日新聞（18）
□ 「木を活かした公共施設のありかた」@登米町森林組合（18）
□ 「まち使い・まち育て」@佐久市岩村田商店街（17）
□第23回公開フォラム「デザインの立場から」@木の建築フォラム（17）
□ 「キヅカイのケンチク」@屋台大学（16）
□茅ヶ崎のメインストリート「雄三道りのまちづくり」@茅ヶ崎商工会議所（16）
□ 「地域資源（お宝）を活かした景観づくり」@長野市（15）
□ 「公共施設の木造・木質化について」@福島県県北農林事務所（15）
□ 「木造建築の魅力と可能性」@横浜市（14）
□ 「よせぎデッキ」「泊公民館」日本建築学会総会発表（14）
□ 「オリンピックに向けて、ハイブリッド木造の可能性」@仙台・名古屋（14）
□ 「平城遷都1300年祭を向かえて新たな交流へ！」@東海大学校友会
　　奈良県支部（10）
□第2回かながわ朝市サミット「歴史的資源を活かした地域の活性化」
　@神奈川県中小企業団体中央会（10）
□ 10回富士箱根伊豆交流圏市町村サミット「今後の10年に向けて！」
　@富士箱根伊豆市町村ネットワーク会議（09）
□ 「掛川市における・これからのまちづくりに向けて」@掛川市（09）
□川崎景観フォーラム「産業観光都市におけるまちづくり」川崎市（08）
□ 『だいじょうぶ？東那須野』@黒磯商工会議所東那須野支部（06）

□平塚市景観シンポジューム「景観からのまちづくり」(05)
□「モリとマチをつなぐ木造建築」@茅ヶ崎市設計事務所協会（05）

その他多数

# 編集後記

杉本洋文研究室・通称「SLAB」は、杉本教授が東海大学工学部建築学科の教授に就任した 2004 年に誕生した。当時、大学 3 年生だった私は、4 年生から始まる卒業研究及び制作の拠点として所属する研究室選びに悩んでいた。デザイン研究の王道を学べて歴史も実績もある他の研究室も視野にあったが、新設されたばかりの SLAB に所属することを決意。王道から外れることによる一抹の不安もあったが、仲間と一緒に理想の研究室を一から築く！という他にはない面白さが、好奇心に満ち溢れていた当時の私に火をつけ、めでたく SLAB の l 期生として所属することになる。

実際の活動内容は本書に記録した通りだが、研究対象のまちを歩き、地元住民や NPO の方々とワークショップを行うといった地道な活動が続き、SLAB に所属したばかりの頃は正直退屈で面白くなかった。しかし、活動や研究を進めていくうちに社会の現実を痛感することになる。的を外したリアリティのない提案に地元住民から賛同を得られるわけがなく、研究内容を発表しても何となく上の空。そんな表情を見て、研究対象が現実である以上は、その現実を受け入れた上で提案しないと机上の空論になってしまうのだ、と認識を改めることにした。これがローカルデザインの難しさであり、醍醐味だったのだと、活動を振り返って本書をまとめながら改めて思う。ローカルデザインラボで得た経験と蓄積が、卒業後の実社会で大いに活かされてい

ることは言うまでもない。杉本教授の退職に伴い、大学における研究活動
は終焉を迎えることになるが、数年前にSLABのOB・OG会として「SLAB
community」を設立。ローカルデザインラボの価値を継承していくと共に、
社会における実践の共有や情報交換を行える環境を整備した。本書を製作す
るにあたっては、その主要メンバーを中心に何度も意見交換を重ね、漸く完
成に至った次第である。杉本教授をはじめ、本書の製作や資料提供、執筆に
尽力して頂いた方々には、編集メンバーを代表してこの場を借りて御礼申し
上げたい。本書を通じてSLABの垣根を超え、少しでも好影響をもたらすこ
とを願うばかりである。

SLAB 1期生・SLAB community 会長

信田健太

# あとがき

　本書は、東海大学で15年に渡る研究室での研究や活動をまとめたものである。私にとって、人生後半の50歳からの挑戦でした。いま、振り返ると若い学生達と出会い、様々な活動に挑戦し、貴重な体験を一緒にすることができた。

　学生たちは、かつての私のように夢を抱いて社会へ巣立って行き、おそらく、新たな夢に出会い活躍しているとことと思う。人は、新たな出会いを重ねるながら、次々と挑戦の場を得て、経験を重ねて豊かな人生を育んで行くものだと考えている。

　私の研究室には学部生が146名、院生が46名所属した。本書の制作にあたり、卒業生全員から話を聞くことはできなかったが、研究室で毎年制作してきた研究紀要「SLABスタディ」の1号から13号までが残っており、各学年の研究生の研究や活動の足跡を振り返ることができた。各号には議論したことや、苦労して実現させたプロジェクトなどの思いが記載されており、当時のことが鮮明に蘇ってきた。

　研究室を巣立った皆さんは、目指した建築の世界で既に社会の中堅として活躍されていると思う。同じ思いを共有・共感してきた仲間なので、研究室で築いた絆を人生の糧にして、これからも夢の実現に邁進してほしい。私は退職後、研究室を自宅に移し、新たな夢に向かって挑戦中である。この本で取り上げた「ローカルデザインの研究」はまだ充分ではない。これからの日本社会を元気にするためには、持続可能なローカルのまちを再生することが重要な課題となるので、今後も応援する活動を続けて行きたいと考えている。

本書の編集中には、世界中にコロナ禍が広がり、社会に大きな影響を及ぼしている。これは地球環境の破壊が原因だとも言われているので、社会のあり方も変えていかなければいけない。そして、一日も早く収束することを願うばかりである。

　私たちは新たなポストコロナ時代の中で活動して行かなければならない。私たちが研究してきたローカルデザインを確立させて、持続可能なローカルの実現を、皆さんと一緒に目指したいと考えている。

　本書の実現は、私の思いを受け止め、研究室全員の夢に育ててくれた信田健太（研究室OB・OG会長 1期生）さんをはじめ有志の皆さん、デザインと編集を担当してくれた古井戸篤史（4期生）さん、監修と編集を担当してくれた長年の友人の岩﨑博さん、出版社を紹介してくれた佐々島宏さん、出版を担当してくれた三恵社の皆さん。そして、これまで大学を通じて出会い、応援してくれた数多くの皆さんにも深く感謝を申し上げたい。

　最後に、私の建築家の人生と教員への挑戦を支えてくれた妻と家族にも感謝したい。

　皆さんありがとうございました。

2021年4月吉日　杉本洋文・杉本洋文研究室・SLAB

# 参考文献

## Chapter1：ローカルデザインスタジオ-私たちの共創の場-

「研究紀要・SLABスタディ・No.1号〜13号」

2004年〜2018年編集・発刊：東海大学工学部建築学科杉本洋文研究室

## Chapter2：リローカリゼーション-地域を掘り起こす試み-

「ローカルファーストが日本を変える」

2013年10月編集：ローカルファースト研究会　発行：東海大学出版会

「ローカルファーストジャーナル・創刊号〜第9号」

20015年〜2018年編集・発行：ローカルファースト研究会

「おだわら千年蔵構想第1号〜第3号」

2000年〜2003年編集・発行：政策総合研究所・PRIO

「微視的世界の復権」

1973年7月著者：木島安史　発行：新建築

「不連続統一体を吉阪隆正集11」

1984年10月1日著者：吉阪隆正　発行：勁草書房

「リローカリゼーション（地域回帰）の時代へ（その1）-3.11後の日本と世界のビジョンへ向けて-

長坂寿久著：国際貿易投資研究所

## Chapter3：マッピング-まちづくりへの実践的手法-

「場のカーパブリックヒストリーとしての都市景観ー」

2002年3月30日著者：ドロレスハイデン翻訳：後藤晴彦・篠田裕見・佐藤敏郎　発刊：学芸出版社

「平塚市街なか観光プロモーションー実施提案報告書〜街中の「場所の力」を活かした第2の復興へ〜湘南ひらつか・お宝プロモーション」

2007年3月編集発刊：平塚コミュニティデザイン研究体・HCDI

「平塚市街なか観光プロモーション―社会実験報告書～街中の「場所の力」を活かした第2の復興へ～湘南ひらつか・お宝プロモーション・社会実験事業3策」
2008年3月編集発刊：平塚コミュニティデザイン研究体・HCDI
「SLABスタディ」No.1～No.5
2004年～2009年編集発刊：東海大学工学部建築学科杉本洋文研究室
「U.D. Movement BOOKLE Tvol1 −特集：UD賞2009」
2010年2月編集発刊：NPO法人アーバンデザイン研究謡・UDM
「U.D. Movement BOOKLET vol2 −特集：UDセッション2010」
2010年9月編集発刊：NPO法人アーバンデザイン研究体・UDM

## Chapter4：ローカルマテリアル−木材資源・地産材匠−

「ビーチハウスをつくろう！」
2009年3月30日監修：杉本洋文編集：東海大学チャレンジセンター―学生編集チーム　発刊：東海大学出版会
「Beach House Gallery2009」
2010年3月31日編集：東海大学チャレンジセンターCAP TCDI学生編集チーム
発刊：東海大学チャレンジセンター
「Beach House Studio 2010」
2011年3月31日編集：東海大学チャレンジセンターCAP TCDI学生編集チーム
発刊：東海大学チャレンジセンター
「どんぐりハウス・3.11生活復興支援プロジェクト」
2013年4月編著：杉本洋文　発刊：東海大学出版部
「キヅカイのケンチク」
2017年9月10日著者：杉本洋文　発刊：東海大学出版部

## Chapter5：レジリエンス−災害復興への支援活動−

「被災地と共に歩む・3.11生活復興支援プロジェクト」
編集：東海大学チャレンジセンター2012年3月11日　発行：東海教育研究所
「復興まちづくりの知恵袋」
2012年3月編集・発行：NPOアーバンデザイン研究体・UDM

「復興まちづくりの知恵袋・被災地跡地利用編」
2015年3月編集・発行：NPOアーバンデザイン研究体・UDM
「復興まちづくりの知恵袋・被災跡地利用計画編２ー被災地の再生と泊エリア
マネジメントの実験的活動」
2016年3月編集・発行：NPOアーバンデザイン研究体・UDM
「復興まちづくりの知恵袋・泊区復興まちづくりー6年間の軌跡」
2017年3月編集・発行：NPOアーバンデザイン研究体・UDM

## Chapter6：ローカルデザインプロジェクト−研究生たちの挑戦−

「東海大建築ブック・東海大学工学部建築学科作品集」vol.24~vol.40
2004年〜2019年編集・発行：東海大学工学部建築学科
「研究紀要・SLABスタディ」No.1号〜13号
2005年〜2018年編集・発行：東海大学工学部建築学科杉本洋文研究室

## Chapter7：アーカイブ−研究業績の記録集−

「研究紀要・SLABスタディ」No.1号〜13号
2005年〜2018年編集・発行：東海大学工学部建築学科杉本洋文研究室

# Local
# Design
# Lab

地域のためのまち・建築をデザインする研究室の軌跡

発行　　　2021 年 8 月 24 日　第 1 刷発行

著者　　　杉本 洋文

編集　　　杉本洋文研究室有志 + 岩崎博

発行人　　杉本 洋文

発行所　　株式会社 三恵社

　　　　　〒 462-0056 愛知県名古屋市北区中丸町2-24-1

　　　　　TEL 052-915-5211（代）FAX 052-915-5019

　　　　　https://www.sankeisha.com/

ISBN　　　978-4-86693-461-7 C1052 Printed in Japan